Acento
Robinson

MICHAEL ROBINSON

Acento Robinson

LA CARA HUMANA DEL DEPORTE

CADENA SER

AGUILAR

El papel utilizado para la impresión de este libro ha sido fabricado a partir de madera procedente de bosques y plantaciones gestionadas con los más altos estándares ambientales, garantizando una explotación de los recursos sostenible con el medio ambiente y beneficiosa para las personas. Por este motivo, Greenpeace acredita que este libro cumple los requisitos ambientales y sociales necesarios para ser considerado un libro «amigo de los bosques». El proyecto «Libros amigos de los bosques» promueve la conservación y el uso sostenible de los bosques, en especial de los Bosques Primarios, los últimos bosques vírgenes del planeta.

Papel certificado por el Forest Stewardship Council®

FSC www.fsc.org MIXTO Papel procedente de fuentes responsables FSC® C117695

Primera edición: mayo de 2015

Edición de los textos: Laura Vidal
Diseño de cubierta: Opalworks
Fotografía de cubierta: *El País*

Printed in Spain - Impreso en España

ISBN: 978-84-03-50112-6
Depósito legal: B-9.117-2015

Impreso en Cayfosa (Barcelona)

AG 0 1 1 2 6

Penguin
Random House
Grupo Editorial

A mi mujer Chris por su eterna
paciencia, con todo mi amor

Índice

You've got a friend

No puedo evitarlo. Cada vez que pienso en Michael Robinson me viene a la cabeza la canción de James Taylor. Porque Michael es, sobre todo, mi amigo; mi amigo inglés al que he visto nacer, crecer y desarrollarse como periodista deportivo durante más de veinte años. Y la verdad es que la criatura luce muy hermosa en esta mayoría de edad profesional, sobre todo porque lucha fuera de las trincheras. Esas que se han convertido en el peor enemigo del periodismo, la política, la cultura y en general de la vida de este país al que Michael llegó dando patadas pero al que ha acabado abrazando con el amor más hermoso que existe: el que nace del respeto. Resulta curioso: con lo tronco que era como delantero centro y ahora ejerce de fino estilista; en un escenario donde predomina el grito, el exabrupto y el *hooliganismo,* Michael practica otro deporte: descubrirnos que hay vida –y muerte– fuera de los territorios habituales. *Acento Robinson* no es solo una declaración de intenciones ni una lista ingeniosa de historias originales; se ha convertido en un tratado de periodismo y de humanidad. «*He is my friend, Michael. Oh, yeah!*».

Carles Francino

Introducción

No puedo decir que de joven fuera un gran estudiante. Lo que más me gustaba era el deporte, destacaba en casi todas las disciplinas, sobre todo en las que practicaba al aire libre. En el gimnasio mi rendimiento bajaba de forma considerable a excepción del boxeo, disciplina en la que más o menos me defendía.

Mi primer amor, el deporte, hizo que relegase a un segundo plano otras muchas materias de estudio, aunque sentía predilección por algunas asignaturas, como la Historia o la Religión, debido al buen hacer de los profesores que me lo explicaban... En definitiva, aquellas historias eran «cuentos», cuentos de vidas anteriores a la mía que me hablaban de las particularidades de la vida en aquellos tiempos. Gracias a aquellos profesores mi vida escolar no fue en balde, aunque lo pueda parecer...

Al finalizar mi carrera deportiva entré en el mundo de la televisión a través de Eurosport, luego TVE, para finalmente formar parte de Canal Plus. Si obviamos mi labor como comentarista de fútbol, todo lo que he hecho en televisión ha sido relatar cuentos basados en historias reales: *El día después, El día antes* e *Informe Robinson.* Hay una razón para todo esto...

Todos los países del mundo cuentan con una legión de periodistas deportivos que te informan de quién ha ganado y quién ha perdido. Existen menos que te cuenten por qué han ganado o por qué han perdido, pero los hay. Realizan una labor que obviamente sirve... No obstante, a nivel personal nunca tuve la vocación de hacerlo. Vivo en paz sabiendo que habrá quien me lo cuente y desde aquí les agradezco que lo hagan.

Como «cuentista» cuando terminó *El día después* sufrí como nunca había sufrido profesionalmente. Estuve dieciocho meses lamiéndome las cicatrices de aquella herida, mientras pensaba que ya no servía para nada ni para nadie. Estaba de luto. Fue el peor momento de mi vida laboral, por encima de mi retirada como futbolista. Me sentía desolado. Aún me resulta duro recordar lo que sentí en aquel entonces.

Siempre fui muy consciente de lo que significaba aparecer en televisión; para mí era un medio cuasi sagrado, podía ser muy crítico con nuestra pantalla, como con las demás. Tuve, y tengo, una clara política de lo que debe ser el «uso» de la maravilla que se llama televisión, aunque en España estoy en clara minoría.

Tras mi proceso de luto Álex Martínez Roig, mi nuevo jefe en Canal Plus, intentó convencerme de que tenía que hacer algo más que comentar los partidos del Plus y me presentó un programa americano que se llamaba *Real Sports.* Había ganado ocho premios Emmy. El programa era bueno, pero para mi gusto aparecían demasiados periodistas en aquella pantalla.

Álex pensaba que yo poseía una narrativa perfecta para esto. Como lo admiraba, lo entendí como un elogio, pero suponía un reto estar al nivel no solo de lo que él esperaba de mí, sino también de lo que yo venía pregonando sobre cómo se debía hacer televisión. Así que comenzamos a narrar cuentos de historias reales, cuentos que despertaban nuestra curiosidad (considero la curiosidad la raíz de todo periodismo). Nos empezamos a preguntar el porqué del asunto, no el resultado sino el camino recorrido y las razones que llevan a las personas a hacer lo que hacen, por qué lo hacen.

El resultado evidenció que la gente compartía mi opinión... Al público le gustan los cuentos, igual que a mí me encantaba oír lo que decían mis profesores. Queremos saber los porqués y nosotros los contamos. Primero fue en televisión, en Canal Plus, luego en la radio, en la Cadena SER, y ahora con el mismo deseo de contar historias a través de este libro.

Para mí el deporte es una metáfora de la vida, una excusa perfecta para contar vidas, y por tanto, contiene, más o menos ocultas, todas las facetas de nuestra existencia.

Ganar y perder son cuestiones relativas, no ganar no es necesariamente perder, es dejar de ganar. Situarse en la línea de salida, en cambio, ya es ganar. Tal y como yo lo veo, competir en un ámbito deportivo es muy elegante, también se convierte en un aprendizaje: saber convivir con los impostores que son el fracaso y el éxito y tratarlos con la misma indiferencia te enseña a ser mejor persona.

Hablar de deporte es también la disculpa perfecta para contar historias humanas. Es lo que hacemos en *Acento Robinson:* explorar el lado más humano del deporte, enseñar la trastienda de lo que sucede. Así aprendemos que el deporte nos pertenece a todos. Bien lo practiquemos o bien seamos solo espectadores, nos acaba tocando.

La palabra «por qué» es la más importante de una lengua. De todas las lenguas. Cada vez que la pronunciamos aprendemos algo. En mi programa me comprometo con mis oyentes a preguntar por qué cada vez que sea necesario, así aprenderemos juntos. Y mejor si lo hacemos con el talante necesario para pasarlo de maravilla. Este libro es una especie de templo al deporte, un templo construido con la luz del éxito y las sombras del fracaso, de tal manera que los dioses que lo habitan salgan convertidos en personas y las personas acabemos sabiendo cuánto tenemos en común con los dioses.

1

Juguetes rotos o convivir con dos impostores: el éxito y el fracaso

Sobre el fracaso del éxito

En nuestros recuerdos, como una parte imborrable de la memoria sentimental de los que vivimos las últimas décadas del pasado siglo, quedarán siempre el éxtasis y la locura colectiva que acompañaban los goles de Diego Armando Maradona; la bronca emoción con la que un país necesitado de mitos recibió el triunfo mundial de Poli Díaz, *el Potro de Vallecas,* el hijo del pueblo que se vio de pronto rodeado de oro y de mujeres hermosas, o la temeridad en los descensos de Marco Pantani cortando las curvas de paso de montaña de Tourmalet con la misma indiferencia y sangre fría con la que se corta una rodaja de melón. Los grandes coliseos del mundo esperaban poder contemplar el ascenso del gancho de izquierda de Mike Tyson hasta la mandíbula de su rival, esperaban «la ejecución» perfecta de un movimiento que convertía la fuerza en un somnífero letal para el contrario. Tyson daba miedo, y sobre ese miedo se asentaron su gloria, su fortuna y su trágico final.

En *Acento Robinson* escrutamos lo que tienen en común estos protagonistas del triunfo. Hablamos de la gloria y hablamos de la caída de los dioses. Diego Armando Maradona tiene una iglesia propia, con sus capillas. Al resto les queda la capilla de nuestro recuerdo. Pero todos tocaron el cielo... antes de caer irremediablemente en el barro de sus excesos. Admiración, tristeza e indignación se juntan en nuestro recuerdo. Éxito y fracaso unidos en los mitos que ascendieron hasta tocar el cielo y se hundieron, probablemente hasta casi el infierno. Lo tuvieron todo: fama, éxito, mucho dinero y, sobre todo, muchos excesos. No le hicieron demasiado caso a las palabras de Kipling, aquello de: «Al éxito y al fracaso, a esos dos impostores trátalos siempre con la misma indiferencia».

Yo tengo mis propios recuerdos relacionados con el fracaso, con el éxito. George Best era el mejor futbolista que había visto en mi vida hasta que conocí a Maradona. Además, Best era un *sex symbol,* era... como el quinto Beatle. Fabuloso. Tuve el gran honor de jugar con él en una postemporada del Reino Unido. Se formó un equipo llamado George Best All Stars, en el que Best no jugaba mucho porque, de pronto, se marchaba a tomar algo y ya no le veíamos más durante días. Eso ocurrió el primer año. En un partido y a petición suya, sus compañeros hicimos «guardia» para impedirle beber... pero era difícil. George solía comentar que su fortuna la había gastado en coches rápidos, mujeres guapas y alcohol. «El resto», añadía, «lo malgasté». En el año 1969, contaba, abandonó las mujeres y el alcohol. Aquellos fueron, decía, «los peores veinte minutos de mi vida». Era un *crack.* En una ocasión se compró una casa en la costa, pero para llegar hasta ella tenía que pasar necesariamente delante de un bar. Así que no llegó a ver el mar en su vida. Era muy entrañable y tenía siempre mucha sed.

En estas evocaciones, en esta reflexión sobre el fracaso, sobre el éxito, nos acompañaron en nuestro primer *Acento Robinson* los recuerdos, las opiniones y la experiencia de Pedro García Aguado. Pedro fue el símbolo del waterpolo español cuando el waterpolo español brillaba en el mundo.

La tragedia de los 'purasangres'

Pedro García Aguado es un buen nombre para un jugador de waterpolo. Representó a la selección española en quinientas y pico ocasiones, no sé cómo se puede hacer eso, pero lo hizo. Es campeón del mundo y medallista olímpico. En realidad, lo que no ganó Pedro es que no merecía la pena ganarse. Ahora es presentador de mucho empaque del programa *Hermano mayor*. Lo hace muy bien, escribe libros y ayuda a la gente que tiene problemas, problemas de adicción. Él tocó la cúspide, pero también tocó el suelo. Nos cuenta su historia de cómo compaginó el deporte de élite con el alcohol, es decir, el agua con el alcohol, sin ahogarse:

«A los 18 años el entrenador que teníamos en Madrid, Mariano García, decía que éramos "purasangres". Estábamos hechos para el sacrificio, para el esfuerzo, para entrenar como animales, pero también para divertirnos... Durante un tiempo no lo notas, eres joven y tienes una capacidad de recuperación espectacular. Hacia los 28 años ya empecé a notarlo y a sufrir más de lo que tenía que sufrir. Pero a mí no me gusta responsabilizar a nadie de lo que me pasó, ni de mi propio dolor, sé que no soy culpable, pero sí responsable de una serie de determinaciones que tomé y que me llevaron a sufrir más de lo que debía. Porque con el deporte, solo con el deporte, se sufre, pero es un sufrimiento agradable. Y en mi caso el deporte terminó por convertirse en un sufrimiento más allá de lo soportable, se convirtió en sufrimiento desagradable».

Pedro también vivió muy de cerca la tragedia personal del gran guardameta de la selección española, Jesús Rollán. La depresión, los problemas familiares y la dependencia de las drogas acabaron con su vida a los 37 años. Pedro vio desaparecer a su mejor amigo, un deportista mítico, pero también un juguete roto. «Es un episodio al que, por mucho que busque respuestas, los porqués, no los encuentro. Cada día me acuerdo de él. Cuando nació mi primera niña le pedí que fuera el padrino, por la alegría que transmitía Jesús, por la relación que teníamos. Desde muy jovencitos entrenamos y sufrimos mucho juntos. Además, en el juego yo estaba siempre en una posición por delante de él, porque yo era el defensor de boya y él portero; teníamos una complicidad importante. Por eso cuando escucho lo de Jesús, o lo de Pantani y otros deportistas que han fallecido en trágicas circunstancias, la verdad es que no te explicas cómo se puede llegar a eso habiendo pasado antes, como tú decías, por el cielo, con mucho esfuerzo sí, pero también con mucha intensidad. Jesús vivió en un momento en el que la medicina no podía ayudarle y él dijo: no puedo más».

Ignorancia y prejuicios

Del barro se puede salir. Esta es la verdadera otra cara del fracaso, la que merece la pena. Una cara que se apoya en la determinación, en el coraje y en la solidaridad. Pedro dejó sus adicciones y ahora es un *coach*, un hombre que ayuda, con éxito, a la gente con problemas. Él nos cuenta cómo puede darse la vuelta al fracaso, cómo se sale del barro:

«Siempre estaré agradecido a mi familia. En un momento determinado levanté la mano y dije: tengo un problema. Más allá de la irresponsabilidad o la inmadurez, tengo 34 años, me he fundido cuanto he ganado, estoy más solo que la una; solo, triste, y me siento desgraciado cuando aparentemente tenía que ser un tío feliz. Esto puede que tenga algo que ver con que cuando salgo por la noche no soy capaz de parar de consumir. Consumía alcohol y sustancias ilegales y no sabía parar. Me tiraba por ahí consumiendo, de fiesta ("fiesta fúnebre", la llamo ahora), tres días, cuatro días, y al final no podía asumir mi responsabilidad como deportista. Cuando se lo dije a mis padres, ellos, que no habían sabido ponerse de acuerdo en casi nada, se pusieron sobre esto y me ayudaron. Sobre todo tengo que agradecer al equipo terapéutico que me trató, de esto no se sale solo, ni únicamente con fuerza de voluntad. Se sale siendo muy humilde, agachándote, rindiéndote. Aquello que nunca había hecho ante los húngaros, los yugoslavos (con los que me daba de tortas hasta el final del partido), lo hice ante las drogas y dije: esto puede más que yo, ¿qué tengo que hacer para vivir sin consumir? Y vivir bien, ¿eh? Llevo diez años sin consumir y he apreciado cosas de la vida que no había apreciado siendo campeón olímpico».

Pedro era tan bueno, tan sumamente bueno practicando su deporte que es probable que sus compañeros y entrenadores miraran hacia otro lado en cuanto a sus problemas personales.

«Lo que ocurrió fue más una cuestión de ignorancia y de prejuicios. En las fiestas de celebración cuando ganábamos todos los torneos, pues evidentemente existía el alcohol, el puntillo, el desfase, porque has estado mucho tiempo aguantándote y entrenando sometido a mucha presión, y quizá la válvula de escape que teníamos algunos deportistas era esa. Digo lo de la ignorancia porque nadie podía pensar que un chaval de 22 años, que llegó de Madrid a Barcelona con 17, que cumplía en los entrenamientos y en los partidos como el mejor tuviera una adicción. Pero es que yo les engañaba, porque aunque estuviera hecho polvo, rendía al máximo. Ellos ignoraban mis problemas y yo ignoraba que el comportamiento que tenía frente a las sustancias era el de un adicto. A esto se añadía que en aquel entonces un adicto era el que se pinchaba heroína, el marginado, el que había terminado durmiendo en un cajero automático. Pero Pedro García Aguado, con su 1,92 de estatura, cachas, con melena, que siempre tenía una sonrisa para todo el mundo, ¿quién iba a pensar que era un adicto? Nadie, porque el prejuicio y el concepto social eran: "este tío es un triunfador". Nadie sabía lo que pasaba, sabían que a mí se me iba la mano y me llamaban cariñosamente El Missing, el desaparecido, cuando no me presentaba en los entrenamientos. Sin embargo, nadie pensaba que pudiera ser una enfermedad, una adicción. Eso me lo diagnosticaron a los 34 años».

El punto de inflexión

La famosa entrevista de Maradona a Mike Tyson en el programa de televisión del primero, *La noche del 10*

—una joya sobre los escombros de la fama— nos da pistas acerca de las innumerables disculpas que puede ponerse una persona antes de reconocer su dependencia de las drogas. «Tenemos cosas en común», se decían Tyson y Maradona en referencia a sus orígenes humildes, «millones de personas te convirtieron en lo que eres», añadían difuminando su responsabilidad sobre el fondo sin fondo de la fama. «Nos juzgan todo el tiempo», pensaban olvidando que también habían sido juzgadas sus virtudes. «Yo tengo que vivir» y «que se vayan todos a la mierda», eran sus conclusiones más valientes. Se supone que son dos adictos rehabilitados, algo con lo que Pedro no está en absoluto de acuerdo: «Eso no es una buena recuperación. Hay que aceptar unos límites, existen unos límites y no pasa nada por cumplir las normas. No puedes vanagloriarte de que harás siempre lo que quieras».

Lo que dice Pedro me hace recordar a mi abuela. Después de los partidos, cuando yo era futbolista, siempre había, digamos, un «tercer tiempo». Después de jugar nos tomábamos una cerveza... o dos. Mi abuela vivía entonces con nosotros y cuando llegaba a casa me miraba, me daba un beso y decía: «Michael: hay una diferencia entre una cagada y romperse el culo, ¿eh?». Porque había detectado que me pasaba. Yo, gracias a Dios, tenía a mucha gente que me cuidaba. ¿En qué momento se da cuenta una persona con adicciones peligrosas de que está exprimiendo el presente e hipotecando el futuro? Según García Aguado, «no hay un único momento. Es la suma de muchos, pero no te das cuenta de ellos hasta que tienes claridad mental. Te puedo contar varios momentos, uno de ellos: un día llegué a casa con una resaca total, me senté en el sofá y mi hijita de un año y medio quiso despertarme. Me acuerdo que la miré de tal manera que se quedó helada. Y lo hice porque simplemente había salido por la noche y tenía ganas de dormir. Me dije: esto no va bien. Luego, cuando ya había dejado la selección, estaba a punto de tirarme al agua para jugar cuando un hombre se me acercó y se puso a contarme su vida. Que si había sido campeón de braza, de cómo eran las cosas en sus tiempos, y pensé: qué pesado es este hombre, tengo que tirarme al agua y ponerme a nadar. Era la temporada 2000-2001 de la liga nacional. Fue ponerme las gafas, tirarme al agua y pensar: Yo voy a ser ese señor dentro de unos años. Me di cuenta de que se me estaba acabando el waterpolo. El momento definitivo llegó cuando me quedé sin excusas, cuando ya no tenía a quién echar la culpa de lo que estaba haciendo y fue cuando pedí ayuda. Estábamos preparando Barcelona 92 con la selección y la ley olímpica decía que si un jugador daba positivo en sustancias, todo el equipo sería sancionado. Ahí me saltaron las alarmas y avisé. Les dije: "Mirad, chavales: yo cuando salgo, tomo cocaína y no sé contenerme". Entonces pedí ayuda: "Ponedme a vivir con alguien que me vigile, no quiero perderme la olimpiada". Así que me apartaron del equipo y al final pude ir a la olimpiada. Pero fue un punto de inflexión».

A Pedro García Aguado, un buen nombre para jugar a waterpolo, le volvió a perseguir el éxito y se liberó de sus dependencias sin renunciar a «un punto canalla, necesario para tratar con chavales. Yo sigo siendo un gamberro, pero no necesito sustancias para divertirme, a los chavales les advierto: si haces esto te enfrentas a unas consecuencias».

Paul Gascoigne, la élite del TOC

No es fácil seguir bailando cuando la música ha dejado de sonar, es así. ¿Con qué podemos sustituirlo? A John Carlin, colaborador de mi programa, le intriga el caso de Paul Gascoigne, *Gazza,* el que fuera el mejor futbolista inglés de su generación, alcohólico y consumidor de cocaína. Padece un trastorno obsesivo compulsivo o TOC y necesitaba el alcohol para relajarse. No es el único, al parecer. David Beckham siente empatía por la gente que padece este trastorno, también tiene TOC. Necesita, por ejemplo, colocar los cubiertos en un orden determinado para poder comer. Algo similar a la manía de Paul Gascoigne, quien siempre debía empezar a calzarse por el pie izquierdo y cuando en terapia intentaron convencerle de que lo hiciera al revés, le dio un ataque.

Alejo García Naveira es un profesional de las emociones, psicólogo del Atlético de Madrid y de la Real Federación Española de Atletismo. A su entender, ayudar a este tipo de personas requiere conocer su situación y su pasado. A una situación así se llega por un cúmulo de factores educativos, familiares y sociales. Para ayudarles, «hay que combinar el trabajo clínico y el psicológico: primero desintoxicar y después terapia con un psicólogo». Esperemos que esta ayuda llegue a tiempo a Paul, que ya ha cumplido los 38 años y lo fue todo en el fútbol de élite.

Yo bebía mucho cuando era deportista de élite. Recuerdo una vez que jugamos en Dublín contra la URSS y vino mi novia a verme; ganamos 1-0. Al día siguiente salí con ella, fuimos a comer y me preguntó qué me pasaba. «Michael, anoche estuviste fantástico», dijo. Sí, pensé yo, pero eso fue anoche. Ahora te vas y me quedo sin nada. En el estadio he tenido a sesenta mil personas adorándome un rato y el fin de semana jugaré en mi estadio. Y emocionalmente estoy tocando el diez o quizá el once, con la adrenalina por las nubes.

Me resultaba difícil conformarme con el seis o el siete. Y recurría al alcohol para subirla. Entonces no había tanta droga, pero otros futbolistas, por ejemplo, eran ludópatas. Yo me sentía huérfano de emociones cuando no estaba jugando. Cuando me casé encontré el amor pleno y eso me ayudó, pero de soltero, los vacíos entre partido y partido...

Adrenalina postiza

La vida da más vueltas que un balón con rosca antes de llegar a la escuadra de la portería y estrellarse contra la red. En ocasiones los problemas humanizan a las estrellas del deporte, en otras se convierten en un mal mensaje y en un mal ejemplo para la juventud. Ahora, en cambio, el fútbol está de enhorabuena. Los campeones de Europa y del mundo parecen de la familia Von Trapp, de *Sonrisas y lágrimas*. Es posible que la globalización haya mejorado este aspecto del deporte. Hoy las empresas patrocinadoras exigen al deportista que sea un referente social. Si mi hijo me dijera: papá, de mayor quiero ser como Xavi, Iniesta, o cualquier otro jugador de la selección española, yo le diría: pues muy bien. Pero Maradona, en cambio, lo único que hacía bien era tocar la pelota.

Coincido con John Carlin en que a un joven de 18 años que se hace rico y famoso de un día para otro le es muy difícil evitar que se le suba todo a la cabeza. Te conviertes en un pequeño dios, pero muy frágil, de porcelana. Así es muy fácil derrumbarse. Entiendes que estas personas busquen compensar toda esa adrenalina, cuando les falta, con métodos artificiales. Con adrenalina postiza. Porque llegan los 30-35 años y su vida les parece un tremendo desierto vacío que no es fácil atravesar.

Un desierto en el que perecieron algunos de los más grandes.

2

Severiano Ballesteros, la génesis del golf

Todos tenemos ídolos. Severiano Ballesteros fue uno de los míos. En Inglaterra era un dios. Todo el mundo conocía a Seve o Sevi, como le llamaban allí. Es asombroso que una persona de orígenes tan humildes (a él le gustaba contar cómo creció en una casa de dos plantas donde la calefacción la ponían las vacas, que se guardaban en el piso de abajo), en un país donde el golf no tenía aún dimensión internacional, llegara hasta lo más alto.

Coincido con mi amigo John Carlin cuando dice que los británicos tienen una actitud ambigua frente a España y los españoles. Por un lado están los tópicos: siesta, holgazanería, etcétera; por otro sienten admiración e incluso envidia de la exuberancia latina, hispana, que Seve tan bien encarnaba. En aquel tiempo los británicos elegíamos la versión positiva de los españoles y Seve la representaba porque era un personaje carismático que despertaba admiración y también afecto. Tenía además esa exuberancia tan única en un mundo, el del golf, donde priman la sobriedad y la circunspección.

En *Acento Robinson* le dedicamos un programa emocionante en el que repasamos los hitos de su vida y su larga lucha contra el cáncer, la madre y el padre de todas las enfermedades, y hablamos con su hermano Baldomero.

De Pedreña al cielo con un hierro 3

Severiano Ballesteros Sota tuvo la suerte de nacer un 9 de abril de 1957 en uno de los rincones de Europa continental con más tradición de golf: Pedreña, una pequeña localidad cántabra de menos de mil quinientos habitantes pero con gran tradición golfística. Todos sus hermanos mayores —Manuel, Vicente y Baldomero— fueron profesionales del golf y un tío suyo, Ramón Sota, fue uno de los mejores jugadores de Europa en la década de 1960. Con un hierro 3 que le regaló su hermano Manuel, Seve dio sus primeros golpes en la playa. Cavaba un hoyo usando el revés del palo, metía una lata de tomate vacía, colocaba dentro una vara de arbusto y le ataba un pañuelo a modo de banderín.

Así empezó a desarrollar una técnica individual propia, arriesgada e innovadora. Algunas incursiones nocturnas en el club de golf de Pedreña le ayudaron a mejorar su *swing* y destacó en sus primeros torneos amateur a pesar de ser un niño. Con 17 años, el 22 de marzo de 1974, se hizo profesional.

A hurtadillas

Seve es la génesis del golf. Lo reinventó desde sus raíces humildes en una familia muy unida. Digo que sus comienzos son muy curiosos, porque, no nos engañemos, en aquellos tiempos el golf era la cosa más pija del mundo. Hacía falta ser millonario para jugar; era un deporte de lo más clasista. Y sin embargo todos los Ballesteros fueron profesionales. ¿Cómo? Pues según nos contó Baldomero, en el caso de Seve, a hurtadillas. En la playa y colándose en el club sin que nadie le viera. Pero ya entonces le dedicaba muchas horas. Del día y de la noche.

Según Baldomero, la familia pronto se dio cuenta de que Seve iba a ser grande: «A partir de los 12 o los

13 años en casa vimos que tenía verdadera obsesión por el golf. Seve era un embaucador, en el sentido de que era una pesadilla para mis padres, el clásico pelota; a mi padre le tenía encandilado. A esa edad en casa vimos que lo que le gustaba era el golf y que le dedicaba horas que debía haber dedicado a la escuela». Aunque asegura que los hermanos discutían mucho pero estaban muy unidos, yo personalmente creo que a Seve sus hermanos mayores le trataban mal porque le daban un hierro 3, que es el palo más difícil (los que juegan al golf saben que es el que menos se usa). Y también bolas cortadas, que no volaban... Pero seguramente gracias a aquello aprendió a dar todo tipo de golpes y a rescatar la bola de los sitios más complicados. En eso era un auténtico maestro.

Royal Lytham

El palmarés de Seve es demasiado extenso para incluirlo aquí y está plagado de hitos. Fue el primer europeo en ponerse la chaqueta verde del Masters de Augusta, el golfista más joven en ganar tres Open británicos. Noventa y seis títulos en total. Está en el Hall of Fame de golf. Pero Seve es inmortal porque cambió la concepción de un deporte que se juega desde hace más de seis siglos. Introdujo un ingrediente nuevo: el corazón. Inventó una forma de jugar diferente: osado en el juego largo y creativo en el corto. Con técnicas de golpeo inverosímiles y un espíritu combativo desconocido hasta entonces. Los que saben de golf, dicen que Seve reunía la elegancia de Hogan, la potencia y agresividad de Palmer, la tenacidad de Player, la técnica de Nicklaus y la frialdad de Watson. No sería descabellado afirmar, por tanto, que hoy día el golf es lo que es porque Severiano fue.

A mí siempre me emocionaba verle por la televisión. Recuerdo concretamente cuando ganó su primer British Open en Royal Lytham, en 1979. Baldomero nos contó cómo vivieron los hermanos Ballesteros aquel viaje y la sintonía tan especial que había entre ellos. En esa ocasión Seve también hizo aquello que hacía siempre y que nunca dejó de asombrarme: salirse de calle y plantarse en el *green* de un solo golpe: «Es difícil de explicar. Fue muy emocionante, inolvidable. Es el torneo del que mejores recuerdos tengo. Estábamos los cuatro hermanos. Seve tenía 22 años y muchas posibilidades de ganar, pero no tantas como mucha gente creía. En el hoyo 17 se fue a *bunker*. La sacó, la dejó a tres o cuatro metros del hoyo y embocó. En el hoyo 18 Vicente me dijo: "Hay que decirle que cierre la mano izquierda porque en este hoyo hay que fallar por la izquierda". A la derecha se podía perder la bola. Pero no tuvimos ocasión de decírselo y cuando vimos cómo colocaba la pelota en el *tee,* comprobamos que tenía la mano izquierda cerrada para producir el efecto necesario. Y ganó. El abrazo que nos dimos es inolvidable. La foto dio la vuelta al mundo. Felices, emocionados e incrédulos».

Un Messi frente a muchos Cristianos

Mi semicompatriota John Carlin y yo recordábamos en el programa el inmenso afecto que sentía por Seve todo el pueblo británico y no solo los aficionados al golf. Sí, Arnold Palmer fue su antecesor, pero Seve era una figura reconocida por casi todos los ingleses. Una especie de David Beckham del golf, que iba mucho más allá del propio deporte. Y no me quiero poner frívolo, pero también era un poco el icono del *latin lover*. Un auténtico *superstar,* vamos. Recuerdo que mis vecinos en Liverpool tenían un doberman llamado *Sevi* y recuerdo también un viaje que hice con él (con Severiano, no con el perro, claro). Cuando aterrizamos en Londres vi a otro Seve, más feliz, que medía cinco centímetros más. Era consciente del amor que le tenían allí. ¡Si es que le querían más que a los golfistas británicos!

¿Y en España? Sí, claro, ahora todos coinciden en que Severiano ha sido uno de los grandes campeones de la historia, pero no estoy seguro de que sus triunfos tuvieran siempre el reconocimiento que merecían. Por ejemplo, la primera vez que volvió a España con la jarra de clarete del Open le pararon en la aduana y le retuvieron el trofeo dos días. Según Baldomero cuando ya estaba enfermo, reflexionando sobre su trayectoria, Seve le dijo que, de haber tenido detrás un periodista como tiene Fernando Alonso, se le habría reconocido más en España. Da que pensar, ¿no?

Lo impresionante de Seve, además, es que su carrera triunfal se prolongó mucho en el tiempo. No hay ningún jugador en la historia del golf que, como él, estuviera diecisiete años consecutivos ganando. Y eso que tuvo grandes rivales: desde Jack Nicklaus, que en 1986 le ganó en Augusta, pasando por Johnny Miller, Tom Watson, Lee Trevino o Raymond Floyd, hasta Gary Player, que le ganó también en Augusta en 1976. Vamos, que no era un Messi frente a un Cristiano —esa analogía no sirve—, sino un Messi frente a muchos buenos Cristianos. Hace tiempo, en una de nuestras conversaciones, le pregunté cómo se podía lograr algo así. Esto es lo que me contestó: «Cualquier muchacho que destaca en un deporte ignora sus responsabilidades, no tiene la presión. ¿De dónde se sacan las ganas para seguir jugando y ganando? Es muy sencillo; yo solo he tenido un amor en mi vida... Y ha sido el golf».

Seve 'Mulligan'

Un 5 de octubre de 2008 llegó la enfermedad. Diagnóstico, varias operaciones —que Seve afrontó, en sus propias palabras «como quien va al campo de prácticas»— y la convalecencia en Pedreña. A esta segunda oportunidad que le daba la vida Seve la comparaba con un *mulligan* que, en la jerga del golf, es cuando en un partido informal se le permite al jugador repetir el primer golpe si le ha salido mal.

Se enfrentó a la enfermedad como hacía con aquel hierro 3 de la infancia. Dejando cada célula de su piel en el golpeo. Y con la dignidad, la elegancia y las dosis de humor que ponía en el juego. Pero este campo no tenía solo dieciocho hoyos y un 7 de mayo de 2011 Seve se marchó dejando huérfanos a millones de aficionados al golf.

Y no nos hacemos a la idea de su ausencia, yo por lo menos no. Pero tenemos que festejar su vida, porque dio mucho a los demás. Hay una canción que me gusta mucho de Supertramp; se titula *Goodbye Stranger* y el estribillo dice: *It's been nice, hope you find your paradise,* algo así como «Ha sido un placer, espero que encuentres tu paraíso».

Me imagino muy bien cómo será el paraíso de Seve, esté donde esté. *Goodbye, Sevi.* Seguimos echándote de menos.

3

El sexto sentido o cuando los obstáculos se convierten en estímulo

¿Sabían ustedes que los porteros de fútbol sala para invidentes son videntes? Yo me quedé perplejo al enterarme. Me parecía tramposo.

Muchos piensan que el deporte adaptado a distintas discapacidades es una especie de pachanga, un divertimento. ¡Y un cuerno! Su balón es sonoro, sí, tiene cascabeles, pero el esfuerzo, la concentración y la habilidad son la auténtica música de estos deportistas de otra galaxia.

Las personas tenemos cinco sentidos: tacto, oído, vista, etcétera. Esto es lo «normal», lo estándar, digamos. Sin embargo emociona conocer a gente que ha perdido alguno de estos sentidos, o, mejor dicho, lo ha cambiado por otro llamado «sensibilidad». Son personas que rompen barreras, barreras que en ocasiones pone la sociedad y que ellos se encargan de echar abajo, dando pleno significado a palabras que tal vez no pueden ni oír ni ver, pero sí sentir: constancia, emoción, compañerismo, respeto, compromiso, amistad y, sobre todo, capacidad.

Entre estas personas que cambiaron alguno de sus sentidos por el de la superación se encuentran varios de nuestros mejores deportistas.

En Málaga, por ejemplo, vive el seis veces campeón de Europa con la selección española, medallista olímpico en Londres 2012 y elegido mejor jugador europeo de fútbol sala para invidentes: Antonio Martín Gaitán, más conocido como El Niño.

Parece magia, pero es técnica

Sí, los porteros de fútbol sala o fútbol cinco para invidentes ven, pero no lo tienen fácil. Además de desenvolverse en un área de solo dos metros, han de trabajar como guías de sus compañeros... y también del equipo rival. Es realmente impactante el nivel de rendimiento que se espera de estos jugadores; no se tiene ninguna condescendencia, ninguna, con sus supuestas limitaciones.

Antonio Martín Gaitán no nació ciego, su falta de visión es consecuencia de un error médico. Quizá si volviera a ver sería capaz de distinguir los colores, pero nada más, porque aquel error ocurrió cuando él tenía 4 años, una sinusitis mal tratada le dañó el nervio óptico. El médico le pidió perdón, pero el daño era irreversible.

En 2005 Antonio fue elegido el mejor jugador de Europa. Una de las distinciones que acarreaba aquel premio era hacer el saque de honor en un partido de la Supercopa de Europa que enfrentaba en Mónaco al CSKA de Moscú contra —perdónenme la licencia— el mejor equipo del mundo, mi amado Liverpool. El Niño recordó aquel día con nosotros en *Acento Robinson* como algo «espectacular», que además sirvió de empujón al «fútbol sala para ciegos» porque le dio visibilidad, algo que él trata de conseguir siempre. Su fortaleza espiritual es asombrosa.

Otro fútbol

El ídolo de Antonio es Zidane. Me intriga saber cómo un invidente se representa mentalmente el fútbol, por qué elige a Zidane entre las múltiples estrellas que existen. La cosa es tan mágica como sencilla: «Escuchando los partidos y los comentarios sobre las jugadas. Así fue como empezó a gustarme el fútbol de Zidane. También pregunto a mis amigos y a mi entrenador. A Zidane lo elegí, además de por su fútbol, por su comportamiento».

Nunca me había parado a pensar que mientras comento los partidos para la televisión hay una parte del público que se representa mentalmente las escenas solo a través de mis palabras. No es difícil imaginar el talante de Zidane como el de un caballero, basta con oírle hablar. Pero ¿cómo imaginarse a Zidane jugando al fútbol? ¿Su estilo, sus movimientos, etcétera? «Me lo imagino superelegante, y muchos de sus movimientos me resulta fácil verlos mentalmente, al ser yo jugador de fútbol».

Antonio es un jugador temido; basta verle jugar para saberlo. Por eso me asalta el misterio: ¿cómo distingue él a sus rivales temibles, a sus rivales buenos, si no los ve? Pues resulta que estos jugadores tienen un código de comunicación complejo y mucho más completo de lo que podemos imaginar. «Por su situación en el campo sabemos quién es diestro o zurdo, por ejemplo. La comunicación entre nosotros es fundamental».

Y ¿los marcajes? Ese *encimamiento,* palabra que tanto enfada a los puristas del lenguaje, esa persecución que sufren los grandes jugadores por parte de dos o tres del equipo contrario, ¿cómo pueden hacerlo? Aquí surge una primera diferencia que, después sabremos, no es tan grande: «En nuestro fútbol el marcaje individual casi no existe, sería muy complicado. Pero cuando juegas contra un equipo, siempre refuerzan más al que creen que es más peligroso. Se cubren los regates, los movimientos. Y a mí, es verdad, me han cubierto mucho».

¿DEMASIADA INFORMACIÓN?

¿Se imaginan a las noventa mil personas que abarrotan los domingos el Santiago Bernabéu en completo silencio mientras se disputa el partido sobre el césped? Pues así habría de ser si ese partido fuera de fútbol 5 para invidentes. Completo silencio, como en el tenis. «De lo contrario no nos enteraríamos de nada. Necesitamos hablar y escuchar, tienes que estar pendiente del balón y del contrario. Este, cuando te quiere quitar el balón, debe decir: "Voy". También tenemos que atender a las indicaciones del entrenador, del guía, de los compañeros... Es complicado».

Más que complicado, me parece a mí. Demasiada información, haría falta un ordenador para procesarla en segundos... «Sí, en ocasiones se producen problemas. En Londres el empate con Inglaterra nos llegó porque un doble penalti que tiré yo lo paró el portero. El público comenzó a aplaudir, el balón salió rebotado hacia la valla donde lo encontró un jugador inglés y nos marcó gol. Los aplausos nos impidieron localizar la salida del balón».

En el fútbol 11 existen jugadores que se mueven muy bien sin balón. Por ejemplo, yo (modestia aparte, claro), pero la orientación para un futbolista ciego debe de ser fundamental. Por eso en el programa le preguntamos a Antonio qué virtud elegiría antes: ¿ser tan técnico [como de hecho es] o tener una gran orientación? De nuevo, pregunta equivocada: «Solo con una de estas dos características no puedes llegar a ser bueno. Necesitas las dos. Son fundamentales para el fútbol de ciegos: la capacidad de orientación y la buena técnica que te permita trasladar el balón».

El Niño, además de sus cualidades como deportista, ha desarrollado un extraordinario buen gusto futbolístico. Si primero le gustó Zidane, ahora su elegido es el extraordinario delantero alemán Mesut Özil. Es decir, que se decanta por la intuición y el trato delicado de la pelota. Un gusto que ha «conquistado» escuchando los partidos por radio: «A los campos voy poco porque no me entero de nada si no me lo cuentan bien. Además, no me gustan los insultos de los aficionados».

El portero como aliado

Miguel Ángel Becerra conoce al Niño, pero ha sido su rival deportivo muchos años. Es portero de fútbol 5, vidente por tanto. Sabe que el Niño juega «muy bien», y reconoce que se han «ganado mutuamente muchas veces». Él tenía que parar los disparos del Niño, pero también tenía que guiarle, dos cosas a las que le ayudó «conocer bien el mundo de los ciegos». Los porteros, en los extremos opuestos del campo, son los únicos ojos de los jugadores. Becerra nos ayudó a comprender un poco más el fútbol para ciegos:

«El campo se divide en tres tercios. El tercio final es el de la defensa y ahí tienes tus baluartes para evitar que el tiro llegue a portería. Manejando bien la defensa se puede ganar un partido, así que el portero tiene que hacer "ver" a los defensas lo que él ve». Se me ocurre que más de una vez el portero se llevará las culpas de una derrota por orientar mal a sus jugadores. Con el Niño no le ha ocurrido nunca: «Yo intento hablar con ellos en los entrenamientos y reforzarnos mutuamente, luego en el campo no hay reproches».

Todo esto me confirma que los porteros son estrategas, algo así como los segundos entrenadores dentro de la cancha. Pero me intriga saber qué diferencias hay —además de esa función de guía— entre un portero de fútbol para ciegos y... Casillas, por ejemplo.

«Físicamente, que el área es más reducida. Pero el portero de fútbol sala B [las categorías B1, B2, B3 corresponden a grados de ceguera], en contra de lo que puedan pensar muchos, no tiene ninguna ventaja sobre los jugadores, al contrario. A un jugador vidente le puedes adivinar la jugada, a un invidente no. Muchos balones que van mal, entran». Así que tienen que esperar a que salga el balón para tirarse: «Sí, hay que tener muchos reflejos».

Nuestra selección de fútbol B es magnífica. Y también sacrificada, porque sus integrantes no viven de ello. En España, y a diferencia de selecciones de otros países, cada jugador tiene un trabajo con el que se gana la vida. Esto supone una desventaja. El Niño, por ejemplo, tiene jornada laboral partida y entrena después de trabajar. «No es lo mismo», decía.

No, definitivamente no es lo mismo.

Contra toda lógica

En *Acento Robinson* también conocimos a alguien que tiene una vida auténticamente de película, un deportista internacional, el alumno más antiguo de Europa del arte marcial que creara Bruce Lee y cinco veces campeón de Europa de kenpo kárate. Su nombre es Joaquín Marcelo.

Todos conocemos el videojuego *Dragon Warrior,* todos sabemos que quienes lo diseñaron y programaron querían rendir un homenaje a Bruce Lee. Pero la mayoría ignoramos que los movimientos acrobáticos y exactos de *Dragon Warrior* están copiados de los movimientos reales de Joaquín Marcelo. ¿Joaquín Marcelo? Sí, el cinco veces campeón de España de kenpo kárate presta su agilidad y concentración a este juego porque no había mejor exponente del arte marcial *jeet kune do.*

Marcelo es deportista desde pequeño, jugó en la liga infantil de fútbol hasta que a los 8 años se quedó sordo por una meningitis (otro error médico). La sordera, sin embargo, no fue un obstáculo para practicar su arte marcial. Incluso los compañeros decían que era una ventaja, porque no tenía distracciones. «Mi hándicap fue sobre todo el equilibrio, que los sordos tenemos alterado. Las artes marciales me ayudaron un poco a corregirlo. Luego el baile me ayudó a ir un poco más allá».

¿Cómo que el baile? Sí, resulta que los padres de Joaquín Marcelo eran bailarines, una familia de artistas. Cuando Joaquín le dijo a su padre que quería ser bailarín, este debió de pensar: «pobre hijo mío, además del oído, ha perdido el juicio». Y sin embargo Joaquín Marcelo consiguió hacerse bailarín y, no solo eso, también coreógrafo. ¿Cómo lo logró sin poder oír la música? Marcelo sentía el compás por el aire, por las vibraciones del suelo, lo sentía y en su cerebro construía la música. «He desarrollado mi propia lógica musical. Es un compás interno». Nos contó una anécdota, no sé si hermosa o triste. O las dos cosas: «Después de llevar bailando varios años, había una coreografía de baile clásico español que había representado muchas veces y tenía ya muy hecha en la cabeza. Un día un bailarín empezó a tararearme cómo sonaba en realidad y comprobé que no tenía nada que ver con lo que yo tenía en la cabeza. La real era mucho más bonita».

Parece un milagro, pero Marcelo hacía los pasos al mismo tiempo que los demás bailarines. Bailó en espectáculos de Mariah Carey, Julio Iglesias, Chayanne, la Jurado, la Pantoja... para la televisión antes de dedicarse a realizar coreografías.

Tras las huellas de Bruce Lee

De no haber sido sordo, ¿Marcelo habría tenido la misma fuerza, la misma potencia moral? «Para superar obstáculos, el ser humano necesita algo que le diga: tienes que ir más allá. Para mí la sordera fue ese impulso». No lo pongo en duda, pero a la pregunta de John Carlin de si cambiaría sus muchos logros por volver a oír, Marcelo también fue muy claro: «Yo me acuerdo muy bien de cuando podía oír, porque tenía 8 años cuando me quedé sordo. Recuerdo la música, por ejemplo. Y eso no lo cambiaría por nada».

Después de demostrarse que podía ser bailarín, a los 21 años, decidió dedicarse a las artes marciales. Así empezó la aventura americana. Marcelo tiene en la actualidad el rango más alto de *jeet kune do* en Europa. Por este arte marcial abandonó temporalmente el baile y se marchó a Los Ángeles tras las huellas de Bruce Lee. Una vez allí, contactó con el último alumno privado del maestro, quien, a su vez, le aceptó como estudiante. Después, *Dragon Warrior*. Para captar sus movimientos y trasladarlos después al videojuego, le tachonaron el cuerpo con sensores y le metieron en una habitación llena de cámaras. «Fue como hacer una película, me ponían escenas de

Bruce Lee y yo tenía que imitarlas con gritos y todo. Quedaron muy contentos».

Así que la música y las artes marciales son el *yin* y el *yang* de la vida de este hombre único que todavía tiene metas que cumplir. Entre ellas, limpiar la tradición en el arte marcial de Bruce Lee, que en su opinión está muy malinterpretado, para pasarlo a las nuevas generaciones.

Ahí es nada.

4

No limits: la tentación y el peligro de los grandes retos

Cada día estamos más familiarizados con términos como maratón, triatlón o *ironman,* que son, en definitiva, sinónimos de grandes retos. Cuando los retos forman parte de nuestros sueños, lo que hacemos termina por definir lo que somos. Pero debemos preguntarnos: ¿dónde están nuestros límites físicos?, ¿hasta dónde llega nuestra resistencia mental? Algunos deportistas cruzan esos límites con mucha frecuencia, son superhombres o supermujeres, aunque ellos no quieren ser superhéroes, solo desean alcanzar sus objetivos. Buscan retar al enemigo más poderoso: ellos mismos. Es el deporte como gestor de la autoestima, el deporte como autosanación.

Llevar la contraria al destino

No tenemos más que calzarnos unas zapatillas y aprender a sudar, no hace falta ser un profesional para hacerlo. Si nos decidimos, aprenderemos muchas cosas, entre ellas que el deporte sirve para curar nuestras heridas, principalmente esas que nadie puede ver. Y nadie puede verlas porque «nuestras limitaciones son mentales». Esto se lo escuché a un ciclista seropositivo, Jordi Sandor, otro deportista anónimo que ha superado los límites. Cuando en 1996 el sida amenazó seriamente su vida, su reacción, la reacción de su mente, fue rebelarse, contradecir al destino.

Estas podrían haber sido palabras también de Selina Moreno, la mujer que entrena seis horas diarias desde 2005, cuando con 33 años le diagnosticaron cáncer de mama, y que ha cruzado a nado el estrecho de Gibraltar y los canales de la Mancha y de Menorca.

Algo parecido nos diría Nani López, un hombre de 51 años que, con el hígado trasplantado, participa en una de las pruebas más duras que existen, el *ironman*. O Teresa Perales, poseedora de veintidós medallas olímpicas, que comenzó a nadar después de que una enfermedad la condenara a una silla de ruedas con solo 19 años.

Grandes causas, grandes esfuerzos

Cambiar el destino, mejorarlo, proteger de sus garras a un ser querido condenado a sufrir. Eso lo puede hacer el deporte. Lo supe el día que conocí a Eva Giménez, a la que sería apresurado calificar de deportista porque Eva es, ante todo madre, y el deporte, una faceta más de su maternidad. No es una atleta, sino la mamá de Nacho, un niño de 3 años que padece la enfermedad de Dent, un mal que solo se conoce desde hace cuarenta años; es decir, es una gran desconocida para todos y, de alguna manera, también para la medicina. Eva decidió luchar para darla a conocer, por eso la noche en la que la entrevisté acababa de volver de Marruecos, donde había superado la Titans Desert, una prueba brutal que consiste en recorrer seiscientos kilómetros en bicicleta en seis días por una ruta con desniveles de hasta cuatro mil metros. Pero además es que Eva sufre esclerosis múltiple, lo que convierte su hazaña en una locura, un esfuerzo brutal de entre siete y once horas de pedaleo diario. Un sufrimiento atroz que solo se puede soportar si se tiene un motivo trascendente: que la enfermedad de su hijo sea conocida e investigada. La apoya económicamente un mito del deporte español, Andrés Iniesta, desde que otro famoso, Santi Millán, el actor, le sugiriera medio en broma la idea de participar en bicimaratones.

La enfermedad de Dent es una rara mutación del cromosoma X que afecta al riñón y para la que en la actualidad no existe cura. Ese es el drama. Los proyectos de investigación en España están paralizados por falta de dinero. Por eso una mujer de 33 años, con esclerosis, volverá a montar en su bicicleta y a realizar recorridos impensables.

Detenerse para ayudar en mitad del drama

Imagínense nadar 3,8 kilómetros, pedalear durante ciento ochenta y luego correr otros cuarenta y dos. Eso es lo que llaman un *ironman,* la parte más exigente de un triatlón. Realizarlo exige seis meses del más duro entrenamiento, y eso si partimos de una buena forma física previa. Martín Giacchetta, al que yo llamaría *superman, ultraman, ironman* y todo lo terminado en *man* que se les ocurra, lo hace. El deporte profesional lo vivió desde muy joven como baloncestista y hoy es un gran entrenador personal, el mejor de 2012, según la votación de sus colegas. Pero desde que empezó con el triatlón, me comenta, se dio cuenta de que a quien quería ganar era a sí mismo «y a partir de ahí fue cuando empecé a superarme». A superarse en todos los sentidos, porque un deporte que podría parecer puro egotismo, el colmo de lo individual, se transforma, según vas creciendo, en un deporte de equipo: «Si durante una carrera veo a alguien que está mal, soy capaz de detenerme para ayudarle».

Un deporte de «equipo» que ha pasado de ser una rareza a tener cientos de practicantes. Martín es entrenador de David Bustamante, entre otras personas famosas. Un trabajo que le permite «dar algo bueno a la gente a través del deporte». Un trabajo que requiere muchas habilidades deportivas, pero también psicológicas, porque yo siempre me he preguntado: cuando el ejercicio llega a un límite, para seguir, ¿qué es más importante?, ¿la cabeza o el entrenamiento? Martín lo tiene claro: «Casi todo es cabeza. Un ejercicio de sentido común, decirte a ti mismo: me siento mejor cuando hago esto». Curiosamente, ese diálogo con uno mismo no solo es necesario en un momento de agotamiento, según Martín se produce también antes de empezar una prueba. Las dudas terribles: ¿qué hago yo aquí?, ¿podré con esto? «Pero una vez cruzada la meta, piensas: me volvería a apuntar ahora mismo. Se sufre mucho en el medio, pero en la meta llega un *subidón* tan grande que te hace seguir y al final, con todo, vas construyendo una filosofía de vida». Yo le creo.

También le creo cuando afirma que conoce bien la sensación de duda y el placer de la meta conquistada, le creo por la conclusión que saca de ambas cosas: «hay algo tan bello en esto que se te olvida si has ganado o no. En el triatlón está contento el que gana y también el que llega el último. El deporte de verdad es un juego, no importa quién gana o quién pierde. En la sociedad han cambiado los valores del deporte, se desprecia al segundo. Eso está muy mal».

El miedo al fracaso

Cuando yo era futbolista profesional, es decir, hace muchos, muchísimos años, solo pensaba en ganar. Si perdíamos una final, no me quedaba con la idea de que éramos segundos, sino con que habíamos sido derrotados, me sentía un perdedor. Creo que tardé unos veinticinco años en darme cuenta de que eso no es así, de que éramos segundos. Por esa razón creo que no era deportista, solo deportista profesional, que no es lo mismo. Disfruté de formar parte de una plantilla en la que tenía amigos, disfruté entrenando por la mañana, sobre la hierba húmeda de Inglaterra. De la convivencia con los compañeros. Pero no disfruté ni siquiera de ganar, porque cuando yo jugaba en el Liverpool, la victoria era algo que se daba por descontado. Recuerdo que cada vez que ganábamos la liga o una copa la sensación era de alivio, de haber cumplido. Así que yo soy uno de esos para los que la victoria era un alivio, y la derrota, un bochorno. A mí me impulsaba más el miedo al fracaso que la ambición de ganar.

Un estilo de vida

Antes de ponerme en contacto con Ricardo Abad pensé que si yo tuviera que escribir un currículo lleno de mentiras jamás se me habrían ocurrido tantas hazañas deportivas como él ha logrado en la realidad. En 1995: cuatro mil kilómetros y veinticinco días de travesía por Estados Unidos; 1998: camino de Santiago. En 2006: cruzar Australia en bicicleta (cinco mil quinientos kilómetros en treinta días) y treinta maratones en treinta días; 2009: ciento cincuenta maratones en ciento cincuenta días; 2011: trescientos sesenta y cinco maratones en trescientos sesenta y cinco días; 2012: ciento cincuenta y un maratones en ciento cincuenta y un días...

No se trata de un deportista profesional, no vive de esos tremendos retos deportivos, trabaja en una fundición en Tafalla y el deporte es su «estilo de vida», su *hobby,* su adicción. Me pregunto cómo podía vivir trabajando ocho horas cuando realizó seiscientos y pico maratones en seiscientos y pico días: «el proyecto era correr un maratón en cada una de las cincuenta provincias españolas. No fue fácil compaginarlo con las otras facetas de mi vida, seguir trabajando y todo lo demás. Tener que trabajar, por ejemplo, un turno de noche después de un maratón es duro». Un total de seiscientas siete pruebas controladas por GPS, datos que descargaba a diario en su página web y con actas notariales de cada carrera: «yo corro a favor de ANFAS, una asociación navarra para personas con discapacidad. Me gusta no vender humo, sino la verdad, porque juegas con la ilusión de mucha gente».

Sin *coach* que le motive, su impulso lo recibe de las metas que se plantea, de una actividad «que es como el aire» que necesita para respirar. Asombroso.

Grandes retos, grandes dudas

Me corroe la duda. Tanto esfuerzo y tan continuado no puede ser saludable. Raquel Blasco, nuestra médico de cabecera de *Acento Robinson,* experta en entrenamiento y nutrición, me confirma el pronóstico:

«Ni nuestro sistema osteomusculoarticular ni nuestro corazón están programados para asumir durante tantos días seguidos semejante volumen de esfuerzo y aumento de la presión. Todo tiene unos límites y la mayoría de los estudios concluyen que se necesitan por lo menos entre siete y diez días para recuperar la función cardiovascular de una prueba de la intensidad de las que estamos hablando».

El psicólogo Alejo García Naveira remacha la cuestión: «En determinados casos estamos hablando de una adicción psicofisiológica. El cuerpo te pide actividad deportiva extrema y la mente también». Una adicción, en suma.

Vuelvo a mirar hacia mí mismo, perdónenme. Me retiré cojo del fútbol. ¡Habrá quien dirá que ya estaba cojo antes, claro! Pero el caso es que tenía el hábito de ir a sudar todos los días y después lo echaba de menos. ¿Se puede ser esclavo del ejercicio físico? ¿Existe ese riesgo? Según García Naveira, «existe el riesgo de convertirse en esclavo de uno mismo. Estas personas suelen ser perfeccionistas, muy exigentes. Hay muchos casos en los que la meta supera a la satisfacción por el camino recorrido».

Como ocurre con cualquier otra actividad, el problema llega cuando esta se convierte en una adicción. Si la adicción es superar siempre los límites ya alcanzados y esto condiciona nuestra vida personal, familiar y laboral, es que algo no funciona. El equilibrio, otra vez, debería ser la clave, es la clave.

Pero yo solo he sido futbolista, y ahora un comunicador de mi entusiasmo por el deporte. Por eso únicamente puedo ofrecerles una recomendación muy personal: no intenten hacer estas cosas en el salón de su casa.

5

Cruzando fronteras para sobrevivir o cuando el deporte obliga a emigrar

Desde pequeños nuestros padres intentan inculcarnos el amor por el deporte porque es bueno para la salud y además educativo. Más tarde, si la cosa cuaja y destacamos en alguna especialidad, esperan que la práctica profesional de ese deporte, ya sea el fútbol, el tenis o la Fórmula 1, esté bien remunerada.

Pero hay amores que matan, y muchos otros que ponen la cosas muy difíciles, por ejemplo, obligan a emigrar para sobrevivir. Eso es lo que las familias de algunos deportistas deberían haber pensado cuando sus hijos dijeron: «papá, quiero jugar a *volei* o a hockey sobre patines». Porque, según las circunstancias, no basta con ser «bueno» ni «muy bueno». A veces ni siquiera basta con ser el mejor.

Hablo de personas que tuvieron que emigrar porque el deporte que les gustaba un día se les quedó pequeño. Amaya Valdemoro, Pedro Gil y Rafael Pascual pertenecen al nutrido grupo de los que yo llamaría deportistas viajeros. Amaya Valdemoro probablemente sea la mejor baloncestista europea de todos los tiempos. También es una trotamundos y una gran luchadora. Rafael Pascual es doble campeón del mundo y nuestro mejor jugador de voleibol, olímpico en dos ocasiones, pero en 1993 tuvo que emigrar a Italia para poder jugar y poder vivir; eso sí, en la mejor liga del mundo. Pedro Gil fue internacional de hockey sobre patines durante trece años. Es el jugador español que más títulos ha ganado con su selección en el mundo.

En Estados Unidos no existe el empate

Amaya practicó atletismo casi desde el jardín de infancia y a los 13 años comenzó con el baloncesto. Siempre tuvo claro que sería deportista, «era mi sueño», dice. Sabe que su pasión estuvo siempre muy apoyada y de este conocimiento extrae una sabia deducción: «Somos lo que nos educan». Sí, el talento ayuda, pero no lo es todo. El ejemplo, los ejemplos quizá son más importantes: «Veía la NBA, veía a Magic Johnson y a Larry Bird y los imitaba; como había hecho atletismo, me resultaba más fácil. Además el carácter competitivo se lleva dentro, yo odiaba perder». Amaya fue la primera española en ganar tres anillos de la NBA femenina. Y los ganó a pesar de quedar decepcionada con lo que encontró en Estados Unidos: «Me vieron en un vídeo y me eligieron en 1998, el equipo que había sido campeón, pero al llegar me decepcionó encontrar una cultura tan diferente a la española en la que siempre impera la ley del más fuerte».

En Estados Unidos no existe el empate. O ganas o pierdes. Es muy duro, es una concepción absolutamente profesional del deporte. Luego Amaya estuvo en Rusia, cuando Rusia aún era la Unión Soviética. «Allí me adapté mejor que en Estados Unidos a pesar de que algunos días hacía cuarenta y cinco grados bajo cero». Después en la Olimpiada de Atenas (2004) comenzó a tener problemas con los gemelos y a plantearse la retirada. Jugaba coja. «Aunque estuviera coja, siempre he rendido», aclara, como si fuera preciso en una profesional con veintiún años de trayectoria. Cuando a los 14 años salió de su casa, Amaya tuvo que renunciar al ambiente familiar, la estabilidad, el ocio de los adolescentes, pero piensa que su balance es positivo, se considera «una privilegiada» por cuanto ha vivido. Tendríamos que borrar del diccionario la palabra «abandono» para hablar de Amaya Valdemoro, esta emigrante del deporte.

La mejor elección

En ocasiones, más de las que pensamos, la excelencia en el deporte vive en el anonimato. O casi. Basta fijarse en este currículo de Pedro Gil: trece años internacional, más de cien partidos. Ha jugado en la liga española, después en la portuguesa y ahora en la liga italiana. Ha ganado el campeonato del mundo en seis ocasiones (¡ahí es nada!) y estoy seguro de que mucha gente ni siquiera ha oído hablar de él. Empezó en el hockey sobre patines por curiosidad y porque el hockey es muy importante en su pueblo, San Sadurní de Noya. No todos son Messi, Cristiano o Rafa; Pedro Gil representa la otra cara del deporte, aunque sume tantos títulos y copas como ellos, o más. Pero lo importante, lo verdaderamente importante, es esto: «Soy feliz con lo que tengo. Hago lo que me gusta y vivo de este deporte». Queda dicho, por si había dudas.

Otro ejemplo: Rafael Pascual ha triunfado en Japón, Puerto Rico, Bulgaria, Rusia, Francia y, por supuesto, en Italia. Le conocí en los Juegos Olímpicos de Atlanta en los que yo evidentemente no competía, solo presentaba el evento para Canal Plus, para el que Rafael Pascual comentaba los partidos de voleibol aprovechando que España no participaba en esta especialidad. Él es nuestro mejor jugador de *volei.* Cuando, todavía adolescente, comunicó en casa su intención de dedicarse al deporte, recibió un mandato de su padre: «Hagas lo que hagas, procura ser el número uno. Así serás respetado». Aquello abría las puertas a sus ilusiones, pero también a los sacrificios que no tardarían en llegar, porque «cuando tuve que tomar la decisión de irme a Barcelona con 16 años ya fue más duro». La dureza de la separación sí, pero también un rico aprendizaje: «Sin duda. En la vida personal el deporte te crea costumbres y valores que son muy sanos. Yo creo que el deporte es la mejor elección».

Fernando Romay. Cuando todo era nuevo

Fernando Romay no necesitó salir de España para triunfar. Claro que eran otros tiempos y él era —es— baloncestista (esa palabra que se me da tan bien pronunciar). Jugó en el Real Madrid entre 1976 y 1993, ganó siete ligas ACB, cinco Copas del Rey, dos Eurocopas e infinidad de otros títulos menores. Y tiene el récord de *tapones* en la ACB en una temporada, aún imbatido: dos mil setecientos setenta y siete. Lo menos que se puede decir de él es que era un tremendo «incordio» en la cancha para sus oponentes, como una china en la zapatilla del contrario. Además puede presumir de otro récord impresionante: cien por cien de tiros encestados. Ni un solo fallo.

Con él España conquistó la medalla de plata en Los Ángeles. En este país había entonces un altísimo nivel de baloncesto, algo que, según Romay, explica en parte a los Gasol, los Navarro y los Calderón de hoy. Cuando él jugaba, terminar en la NBA era como un sueño inalcanzable: «Estaba demasiado lejos todo. Ver partidos de la NBA era casi clandestino. Antonio Díaz Miguel, nuestro seleccionador de toda la vida, trabajaba como representante de marcas de ropa, lo de entrenar era una afición. En enero, cuando tenía poco trabajo, se iba a Estados Unidos a ver y a rodar en superocho a los grandes entrenadores y luego iba por los colegios mayores a enseñar el baloncesto americano a los universitarios. Así le conocí yo. Aquel romanticismo era genial, aprendías casi por impulso». Había que ir abriéndose paso, todo era nuevo. Recuerda el primer viaje a Estados Unidos: «Llegamos como Paco Martínez Soria, con la maleta, la boina...

Recuerdo llegar a hacer un *stage* para jugar contra una selección de aspirantes a la NBA, bajar del avión, dejar la maleta en el hotel e ir a jugar, en un instituto o algo así. Me pusieron delante un tío con el balón y yo empecé a defenderle y a mirarle a la cara y en una décima de segundo le vi los ojos, los huevos y otra vez los ojos. Jugaba a una velocidad completamente distinta. Nosotros íbamos a treinta y tres revoluciones, ellos a cuarenta y cinco». Se pregunta cómo habrían sido las cosas si su carrera deportiva se desarrollara hoy: «Todo baloncestista se ha imaginado alguna vez llevando la camiseta de los Lakers porque es la mejor franquicia, el mejor equipo, el más glamuroso. Si yo gano un anillo de la NBA con los Lakers, no me tienes aquí ni borracho. Me tendrías que llamar de usted. Y en cambio llega Gasol, lo gana y lo primero que dice es: "Es fabuloso jugar con vosotros y que venga a verme Jack Nicholson, pero me voy que tengo que entrenar con la selección. Son la caña"».

Medios monotemáticos

A veces pienso que en España no tenemos una verdadera cultura deportiva. Hay grandes aficiones, seguidores de todo tipo de deportes, sí, sin embargo a los deportes minoritarios les cuesta hacerse visibles. Pero la información deportiva no debería centrarse solo en los partidos, en el deporte conviven muchos mundos de interés. Y aquí tenemos grandes profesionales, grandes aficiones, Barcelona 92, sin ir más lejos, fue un completo éxito. Y sin embargo en la comunicación somos casi monotemáticos, nos dirigimos a un público cautivo, el del fútbol, y renunciamos a crear espectadores nuevos.

Demasiadas veces buscamos retornos inmediatos a nuestro trabajo y hablar de ciertos deportes es una inversión a demasiado largo plazo. Cuando yo iba al colegio en el Reino Unido (¡ojo, me estoy remontando a la prehistoria!), existían deportes obligatorios: rugby, *cross country* y boxeo, porque se consideraban educativos. Eso en España creo que no lo tenemos en cuenta. Solo da la casualidad, en ocasiones, de que alguien elige un deporte minoritario y, además, ¡es muy bueno! Destaca en España y en el mundo. Pero hacemos muy poco por ellos, así que no les quedará otro remedio que seguir cruzando la frontera.

6

Barras bravas, ultras, *hooligans:* cuando el fútbol no es lo que debería ser

«El fútbol me ha inspirado casi todo mi saber moral». La frase es de Albert Camus, el gran escritor francés de origen argelino, autor de novelas tan leídas como *El extranjero* o *La peste*. Camus también dijo: «Obtener éxito es fácil, lo difícil es merecerlo». Las citas vienen a cuento porque la reflexión que les propongo es sobre la violencia en el fútbol. En el deporte.

El deporte crea leyendas, referentes que a veces vemos como héroes. Deberían constituir un ejemplo, pues son el espejo en que se miran muchos niños y otros no tan niños. El fútbol, en concreto, tiene una gran potencia moral, una riqueza de valores que puede transmitir a la sociedad. El problema surge cuando alguien decide secuestrar esos valores, bien para ocultarlos, bien para hacerlos suyos y administrarlos en exclusiva, creando un inframundo que poco o nada tiene que ver con el deporte.

La guerra en los estadios

La violencia que se vive en las guerras es una violencia atroz que arrasa con miles o millones de vidas. Jon Sistiaga ha recorrido con su libro de notas y su cámara muchos de esos escenarios sangrientos. Y ha salido con vida. Pero cuando fue a Argentina y se metió en la cancha del Independiente para investigar el fenómeno de las barras bravas, literalmente le partieron la cara: «Sí, parece mentira que se pueda pasar miedo en el fútbol, pero salí acojonado del campo del Independiente. Soy un tipo con experiencia y trato de trabajar con garantías. Llevaba escolta policial y nos dieron de hostias [...]. Tuve que salir por patas. La policía estaba lívida porque lo ocurrido demostraba que estos delincuentes viven en la impunidad».

En Argentina el fútbol es una pasión y de él viven no solo los jugadores y los periodistas deportivos, también los cabecillas de esas bandas llamadas barras bravas, el equivalente a los *hooligans* o a los ultras españoles. Después de rodar su documental sobre ellas titulado *Entre los barras bravas*, Jon Sistiaga tiene muchas cosas que contar de estas organizaciones criminales en las que unos pocos ganan mucho dinero. ¿Cómo? «Cobran a todos los coches que aparcan en un radio de tres a cuatro kilómetros del estadio: si no pagas, te encuentras el coche quemado; de la droga: en las barras se trafica con impunidad; de los jugadores: es *vox populi* que las barras compran jugadores cuando son niños y después obligan al equipo a ficharlos. También sacan dinero de los jugadores ya profesionales, a los que extorsionan a cambio de ser titulares». Es decir, se trata de una red amplísima de intereses.

Cuando ir al campo es un peligro

Gustavo López vivió en primera persona la violencia en los estadios de fútbol cuando jugaba en el Independiente en su Argentina natal en la década de 1980: «Las barras a veces entraban en el vestuario. Desde los años ochenta manejan el club. La realidad es más dura de lo que se suele contar. Cuando se hace una auditoría, las barras presionan para que se aprueben las cuentas, aunque el club tenga pérdidas. Antes en los estadios veías fanatismo y alguna pelea entre seguidores de equipos rivales. Hoy la vida no tiene ningún valor y lo que hacen es pelearse entre ellas por porciones del negocio, porque hay mucho dinero en juego. Recordemos que en Argentina los clubes no son sociedades anónimas, son clubes sociales, es decir, al presidente lo eligen los socios. Los barras presionan para que voten a *su* presidente. A veces nos visitaban en el vestuario; es verdad que no hubo violencia... pero porque los resultados nos acompañaban. Tenían nuestros teléfonos, sabían cuáles eran nuestros coches [...]. Tienen mucho poder. Son una lacra social».

Una lacra social, miedo, extorsión... Parece imposible, pero todo eso rodea al mundo del fútbol, especialmente en algunos países. Me contó Jon Sistiaga que el gran actor Ricardo Darín, hincha del River desde que nació, ya solo va al fútbol (en España) cuando hay un derbi Madrid-Barcelona. Que aquello de ir con el abuelo y los niños al estadio se acabó. Murió. En Argentina ya es un peligro ir al campo.

Las barras bravas argentinas también se están adueñando paulatinamente del mundo del espectáculo. Esto lo conoció bien Joaquín Sabina. La primera vez que actuó en Buenos Aires, todo lo referente al concierto (espacios, aparcamientos, entradas) lo controló la Doce (la barra brava del Boca Juniors). El músico desconocía quiénes eran y se hizo una foto en el camerino con los jefes. Al año siguiente cuando volvió a cantar en la cancha del Boca, preguntó por ellos: estaban todos en la cárcel.

Me río por no llorar, pero así son las cosas.

Aquellos años atroces en mi país

Mis amigos saben que tengo que morderme la lengua para no hablar de los *hooligans* de mi país. De sus atrocidades. De alguna manera, me mantengo detrás del burladero y dejo que ellos lidien ese maldito toro de la violencia en el fútbol. Yo tuve la mala suerte de tener que jugar en estadios casi siempre vacíos o de que mi madre solo fuera a verme en dos ocasiones porque entonces los estadios no eran lugares para una madre. John Carlin también vivió aquello en primera línea, a él le tocaron los años más violentos: «Era como una guerra civil en Colombia. A los 18 o 20 años yo iba mucho al fútbol, formaba parte de esas hordas migratorias que cada fin de semana salen a ver partidos y cuando tu equipo jugaba fuera de casa había que andar con mucho cuidado. Por ejemplo, si llevabas la bufanda de tu equipo, solo la enseñabas cuando estabas dentro del estadio rodeado de tu tribu, y fuera la ocultabas».

Es curioso, yo estaba en el césped, jugando, y no tengo un recuerdo claro de haber presenciado violencia física entre los espectadores. John Carlin, sí. Él se siente muy orgulloso de ser mitad escocés y mitad español. Entre otras cosas, porque cuando toca hablar de temas tan desagradables, le gusta ser menos inglés que yo (¡que soy irlandés!). El caso es que ambos le hemos dado muchas vueltas al asunto, a lo que subyacía tras aquellas tribus violentas del fútbol inglés. Carlin piensa que los ingleses hemos sido históricamente gente bastante salvaje y muy bebedora: «Ya en la Edad Media tenían fama de borrachos. Beber es una tradición cultural inglesa; sin embargo es curioso que los del país vecino, los escoceses, cuando salen de viaje se suelen portar bien. He visto a los aficionados ingleses en los mundiales y te puedo asegurar que son los más desagradables». No tengo más remedio que estar absolutamente de acuerdo con él, hay en ese comportamiento inglés una especie de arrogancia bélica, de superioridad. Menosprecian a los otros países. Según Carlin, en el origen de esta conducta puede haber cierto resentimiento: «[Los ingleses] fueron los creadores del fútbol, se consideran campeones por derecho divino y, sin embargo, la realidad del fútbol inglés ha sido lamentable durante muchos años».

Por fortuna, en los últimos veinte años las cosas han cambiado. Si yo jugara ahora, mi madre podría ir a verme al campo.

No estoy seguro de que el fenómeno *hooligan* sea comparable a las barras bravas, porque el *hooligan* es básicamente un borracho y las barras bravas son algo más complicado: una mafia. Eso no ha existido en Inglaterra. Por eso me inclino a pensar que el *hooligan* es un fenómeno social: realmente somos borrachos agresivos. Crucemos los dedos para que Inglaterra no viva una nueva oleada de violencia y para que vuelva a ser algún día campeona del fútbol mundial.

España no es diferente

¿Y en España? Del inframundo del fútbol español sabe mucho Carlos Quílez, director de Análisis de la Oficina Antifraude de Cataluña y compañero de la Cadena SER. Me cuenta que, por fortuna, en la actualidad algunos de estos grupos de *hooligans* o de radicales asociados al fútbol «están muy diluidos y golpeados por las actuaciones policiales y, sobre todo, por el rechazo social y la política de algunos directivos de los clubes. Serían, por ejemplo, las brigadas blanquiazules, del Real Club Deportivo Español y los *boixos nois* en el Fútbol Club Barcelona. Sobre todo las brigadas en los ochenta tenían una beligerancia y un activismo político tremendos. La Brigada de Información Antiterrorista situaba a muchos de sus miembros activos en mítines en Austria con la ultraderecha y los filonazis. Todo esto ha ido a menos, gracias a las medidas tomadas y a la menor permisividad de los clubes».

La policía, las fuerzas de seguridad del Estado tienen el monopolio del uso de la violencia civil. Entre otras misiones tienen encomendado prevenir la violencia en el deporte y tratan con gente verdaderamente peligrosa. «Sí, con delitos de sangre», me confirma Carlos Quílez. «Hay un grupúsculo extremo de los *boixos nois:* los *Casuals,* alguno de los cuales tienen antecedentes penales gravísimos». Y la violencia en los estadios es solo una de sus muchas actividades delictivas, entre las que se cuentan intentar hacerse con el control de la seguridad de discotecas y locales nocturnos de Barcelona o el narcotráfico. Se sabe también que fueron los responsables de las amenazas de muerte al presidente Joan Laporta y su familia, que gracias al buen hacer de la policía no terminaron en tragedia.

Estamos hablando, pues, de criminales con nula empatía social y para los que el fútbol no es más que una excusa. Vamos, que pueden llevar la bufanda azul del Español, por ejemplo, pero el club es lo de menos. La ideología pesa más que el equipo en estos descerebrados. Claro que hablamos de ideologías basadas en «no me gusta nada, salvo lo mío». Siempre ha habido personas que se opusieron con valor a estas hordas. Me acuerdo de Guus Hiddink que, cuando era entrenador del Valencia, obligó a que se retiraran las esvásticas de las gradas. Actitudes así son las que hacen falta.

Por desgracia, el fenómeno ultra no se circunscribe a Madrid y Barcelona. Y como hemos visto con la muerte del hincha del Deportivo a manos de un ultra del Frente Atlético el pasado 31 de octubre de 2014 en los alrededores del estadio Vicente Calderón, avanza sobre el siglo XXI como si no hubieran pasado cuarenta años del fenómeno *hooligan* en mi país. La crisis que comenzó en 2008 favorece el asunto. Parece que desde el punto de vista legal hemos avanzado mucho, pero en la práctica, mucho menos. Las organizaciones ultra, manejadas por veinte o treinta personas, son asociaciones delictivas que cuando se enciende la chispa, falsamente amparadas en una legítima pasión por el fútbol, se transforman en estructuras criminales. Me temo que si Camus siguiera entre nosotros, se aficionaría al balonmano.

Johnny *the dog:* un *hooligan* es un tipo de mal comportamiento en general, aunque ahora se asocie al fútbol.

7

El ajedrez o cuando hay belleza en las equivocaciones

El ajedrez para mí es más que un deporte. Es un juego que los dioses regalaron a los hombres para que descubrieran que no solo el azar gobierna el mundo. Un mundo de humanos con sentimientos que trasladan a los movimientos de las fichas sobre el tablero. Hablo de sentimientos tales como el miedo al error, a la derrota o la obsesión por adelantarse a la mente del contrario para influir en sus decisiones. Pero el ajedrez también es una herramienta educativa y hay voces que promueven su inclusión en las escuelas, porque fomenta en los niños la concentración, la paciencia, la memoria y la perseverancia. Por cierto, me incluyo entre esas voces, pues, como decía Nelson Mandela, «la educación es el arma más poderosa para cambiar el mundo». Y yo soy muy partidario de invertir en el futuro de nuestros jóvenes.

¿Por qué decimos que es un deporte?

Leontxo García comparte conmigo el amor por el ajedrez, aunque él es un maestro. De joven fue profesional y ahora es un reconocido comentarista de este juego. Para Leontxo, el ajedrez es una pasión, una forma de vida, pero también una herramienta social probada. No se cansa de defender su utilidad educativa. Precisamente porque estoy de acuerdo con él, tengo cierta reticencia a la hora de llamarlo deporte, porque es mucho más. Lo que a mí me enganchó, con 14 años —era el año 1972— fue ver por televisión el gran duelo en Reikiavik entre Bobby Fischer, de Estados Unidos, y Boris Spassky, de la entonces todavía Unión Soviética. Pienso que aquella partida hizo que millones de niños como yo descubriéramos el ajedrez.

Pero ¿por qué decimos que es un deporte? Según Leontxo, «primero, porque está organizado como tal; es decir, la Federación Española de Ajedrez tiene una estructura prácticamente igual que la de cualquier otro deporte individual. Si mañana quitamos el ajedrez como deporte, ¿dónde lo ponemos? ¿En los medios de comunicación? Segundo: ¿qué entendemos por deporte físico? Si a Messi le cambiamos el cerebro, ¿jugaría igual de bien al fútbol? El ajedrez es el deporte mental por excelencia, por tanto, dejemos de discutir tanto sobre ello». Juan Antonio Samaranch lo tuvo claro cuando en 1999 decidió secundar la petición de la FIDE para que se incluyera el ajedrez como deporte olímpico. Me cuenta Leontxo que Samaranch dijo: «El ajedrez es justo lo que necesita el COI [Comité Olímpico Internacional] para cumplir el lema de *Mens sana in corpore sano*». Pero, en fin, no todo el mundo comulga con esta idea y el debate sigue abierto.

El jugador de ajedrez: ese ser impenetrable

Deporte o no deporte, lo que está claro es que muchos ajedrecistas famosos son personas singulares. Cuando hay olimpiadas, el que gana los cien metros lisos es, por ejemplo, el hombre más rápido de la tierra. Según esa regla de tres, el campeón mundial de ajedrez tendría la mente más desarrollada del mundo. ¿Cómo se lleva eso? Hay campeones de todas clases. Gari Kaspárov ha sido probablemente el jugador más carismático de todos los tiempos, que revolucionó el ajedrez. Un ejemplo extremo del ajedrecista como ser extraño sería Bobby Fischer, que también encarna, a juicio de Leontxo «lo que unos padres jamás deberían hacer con un hijo con talento: permitir que se obsesione con una sola cosa y no darle una educación integral».

Y luego hay gente aparentemente normal, como Viswanathan Anand, que además fue el primer campeón del mundo después de Fischer no nacido en una república soviética. Hasta que llegó Carlsen, claro. Cuando tuve ocasión de charlar con Anand antes del campeonato mundial de noviembre de 2013, pude comprobar que es la antítesis de Fischer, es decir, desmiente esa imagen totalmente exagerada en las películas del ajedrecista loco. Para él, el ajedrez es un deporte sin más. Eso sí, cuando está preparándose para una competición, le dedica de ocho a nueve horas al día. La preparación de un ajedrecista recuerda a una reunión de altos mandos militares planeando una gran ofensiva. Para Anand consiste «básicamente en ponerse en la cabeza del rival. Adelantarme adonde va a estar durante el encuentro. Así que necesito pensar como él, y para alcanzar ese estado tengo que estudiar todas las partidas recientes, intento que la posición en el tablero sea la más favorable a mi estilo de juego». Estrategia pura.

Odiar sobre el tablero

Pero además es que entre los contrincantes hay toda una serie de juegos mentales independientes de la partida en sí. «Tu objetivo es que tu rival se sienta incómodo. Eso se consigue jugando bien, con jugadas inesperadas, o sacando un tema de conversación que no le guste o, durante las entrevistas, buscar algo que le moleste». Durante las partidas, la amistad, si existe, queda temporalmente aparcada: «Uno tiene que odiar sobre el tablero». Solo hay un ganador y hay que darlo todo.

El ajedrez tiene un componente importantísimo, que es la tensión psicológica de los duelos, de enfrentarte a tu rival todos los días: ayer me ganaste y hoy tengo que jugar otra vez contra ti. Leontxo opina que «la preparación psicológica, lo digan o no, es fundamental en la preparación de campeones de ajedrez delante de un gran duelo. Lo de ponerte en la mente del rival se puede convertir, además, en una obsesión. En los treinta años que llevo cubriendo información de ajedrez, todos los jugadores importantes que he conocido han contratado a un psicólogo o, incluso, a alguien cuya presencia en su equipo sabían que iba a molestar al rival».

El ejemplo más sonado de esto fue un duelo entre Kárpov y Korchnói, un disidente soviético que había huido de la URSS. Kárpov incluyó en su equipo al parapsicólogo Vladimir Zújav. Muchos años después Leontxo le preguntó: «Pero ¿tú crees en la parapsicología?». La respuesta de Kárpov fue: «No, pero sabía que Korchnoi se pondría muy nervioso si sentaba a Zújav en la tercera fila de los espectadores para que le mirara en diagonal». Vamos, que le sometió a una especie de dopaje psicológico.

El fútbol no es tan violento en este sentido como el ajedrez, aunque parezca mentira. Cuando yo era delantero centro y pensaba, por ejemplo, en el defensa central que me iba a marcar durante el partido y luego le veía en el túnel —veía a mi enemigo deportivo—, notaba mariposas en el estómago, me ponía un poco más nervioso. Y pienso que si tienes que jugar contra ese defensa central todos los días durante un mes y medio..., entonces puedes llegar a obsesionarte. Por eso la rivalidad en Kaspárov y Kárpov es la mayor de la historia del deporte, porque entre 1984 y 1990 vivieron obsesionados pensando el uno en el otro todos los días.

Leontxo tiene claro que «el ajedrez es probablemente el deporte más violento que existe, porque un futbolista puede desahogar su tensión gritándole al árbitro, corriendo, hablando con su entrenador en la banda. Un ajedrecista tiene que contener esa tensión durante cuatro o cinco horas».

¡Fan de Guti!

Digo que el ajedrecista es un ser extraño y singular y me acuerdo de Magnus Carlsen, actual campeón del mundo y un niño precoz que con 4 años hacía legos para mayores de 15 años con más de cuarenta páginas de instrucciones.

Tuve el honor de hacer un programa con él en *Informe Robinson* y fue una experiencia de lo más singular. Dice Leontxo que las mentes de los ajedrecistas están a otro nivel y que a las personas normales nos resulta difícil comprenderlos. Desde luego mis diálogos con Carlsen fueron como una partida de ajedrez en la que yo había perdido antes de empezar. Por ejemplo, cuando le pregunté: «Magnus, ¿alguna vez sales con chicas, al cine o a tomar una hamburguesa?», su contestación fue: «¿Para qué?». Tremendo.

El caso es que como sabíamos que era madridista, mi equipo de *Informe Robinson* le llevó al Bernabéu... y, mira por dónde, el hombre con el coeficiente mental más alto del mundo, según la revista

Time, se volvió loco cuando le presentaron a Guti. Su máxima ilusión era conocerle y se puso muy nervioso, igual que un niño pequeño. Era su mayor aspiración. Curioso, ¿no? No quería conocer..., no sé, a Barack Obama, por ejemplo, sino a Guti.

CUANDO LA PERFECCIÓN ESTÁ REÑIDA CON LA BELLEZA

Yo tengo muy presente el dolor del jugador de ajedrez. Dicen los jugadores que cometer un error es la peor sensación, sobre todo errores que se podían haber evitado. Es una de las razones por las que algunos jugadores tienen problemas psicológicos. Es el gran miedo a perder. Algunos no lo soportan y abandonan. Y es que en el ajedrez no hay responsabilidad difuminada. Yo, por ejemplo, cuando perdía el Liverpool, le echaba la culpa al portero. Pero es que, como muy bien dice John Carlin, la comparación entre futbolistas y ajedrecistas no es válida. Él lo compararía más bien con el tenis, un duelo entre dos y donde pesa mucho el factor psicológico. Si Nadal está en la cima, es por su superioridad mental.

Disiento de quienes afirman que en el fútbol, cuando se mete un gol, es porque alguien ha cometido un error. No es cierto. Algunos goles se marcan porque hay jugadores brillantes. En el ajedrez, en cambio, y esto lo explica muy bien Leontxo, «la belleza casi siempre existe cuando hay un error previo de alguno de los dos jugadores. Si los dos juegan cerca de la perfección, la partida tiende a ser aburrida. En ajedrez, en el error hay belleza. Una cosa es que tu rival te haya dado una lección de principio a fin, que haya jugado mejor. Esas derrotas duelen muy poco. Y otra cosa es que lo hayas tenido ganado y por cansancio, nervios, etcétera, cometas un error. Eso te quita el sueño, el hambre..., todo». Tiene que ser muy duro, ¿no?

Una cuestión filosófica

Violencia, odiar sobre el tablero, desestabilizar al contrario... Todo esto suena a juego sucio, a guerra sin cuartel, y sin embargo el ajedrez se usa también en terapias de niños con síndrome de Asperger, con trastornos del espectro autista porque ayuda a la concentración, y a aprender a perder. Hay muchas voces que reclaman que el ajedrez sea una asignatura en los colegios. A otros les preocupa que pueda fomentar comportamientos obsesivos. Supongo que dependerá de cómo se enfoque. Leontxo García lo tiene claro: «Está científicamente demostrado que la práctica del ajedrez desarrolla la inteligencia y mejora el rendimiento académico. Y que luego esas aptitudes se pueden transferir a la vida normal. Pero si no tienes vida aparte del ajedrez, entonces no las puedes transferir. Fischer sería un caso. Anand es la antítesis. Puedes hablar con él de muchas cosas, ha aplicado la sabiduría del ajedrez a otros campos». Aunque, como dice John Carlin, el fútbol da también muchas cosas (que me lo pregunten a mí). Es una cuestión filosófica y que depende además de lo que consideremos educación. Tendremos que esperar a ver si, finalmente, el ajedrez entra en las escuelas. Pero, eso sí, no renunciemos al fútbol.

8

Homeless o el deporte como herramienta de inclusión social

En la película *The Blind Side,* que en España se distribuyó como *Un sueño posible,* una familia acomodada de Memphis (Tennessee) se encuentra un día con un chico negro por la calle caminando por la nieve en pantalones cortos. La mujer (Sandra Bullock en la pantalla) le pregunta dónde va y él contesta que al gimnasio porque hay calefacción. El chico se llama Michael Oher, *Big Mike.* Gracias a la familia que lo acoge, y después lo adopta, consigue ir a la universidad con una beca de fútbol americano. El 5 de marzo de 2014 Michael Oher firmó un contrato de 19,9 millones de dólares por cuatro años con los Tennessee Titans.

Su historia demuestra que no tener hogar no significa que tu vida haya terminado, que se puede salir de la calle. De muchas maneras. Y una puede ser el deporte. Como Oher, son muchas las personas sin hogar, con riesgo de exclusión social, que han encontrado en el deporte el vehículo para ir con la cabeza alta, para seguir en la lucha. Detrás de cada historia de este capítulo hay personas que nos dirían, como el poeta Ángel González: «¿Qué sabes tú qué fue de mi vida?/Ahora solo ves estos últimos años/ que son como la empuñadura de un cuchillo/ clavado hasta el final de mi costado».

Recuperar la dignidad perdida

Luis Carlos Perea es director de movilización y desarrollo tecnológico de RAIS, una fundación que desde 1998 se dedica a ayudar a personas con problemas para mejorar su calidad de vida y a combatir la exclusión social con distintas herramientas, entre ellas el fútbol. Él me explicó que «las fronteras entre inclusión y exclusión social son mucho más frágiles de lo que pensamos». ¿Cómo llega una persona a vivir en la calle? «Pues encadenando una sucesión de pérdidas, quedándose sin trabajo, sin pareja, sin salud, sin vivienda y, sobre todo, sin amigos ni familia. Un individuo normal puede sufrir una pérdida de esta clase quizá cinco veces distribuidas a lo largo de su vida. Estas personas, en cambio, sufren varias de golpe y se rompen, se quiebran».

¿Y cómo pueden recuperar la dignidad perdida estos «artistas de la vida»?, como los llama Luis Carlos Perea. Porque «todas las mañanas se inventan un día nuevo». Pues aquí es donde entra el deporte. Y el fútbol, curiosamente. ¿Sabían ustedes que existe un mundial de fútbol para los *homeless?* Se llama Copa Mundial de Fútbol Calle (también conocida por su nombre en inglés, Homeless World Cup o su sigla, HWC). Yo la he conocido en Sudáfrica y en Edimburgo, y los datos que arroja me parecen espectaculares: después de haber participado en un campeonato mundial de fútbol calle, el 93 por ciento de los participantes declara tener una nueva motivación para vivir; el 33 por ciento ha iniciado o retomado sus estudios y el 29 por ciento ha encontrado empleo fijo. Esto es una maravilla y me confirma la cantidad de cosas que puede aportar el fútbol: salud, esperanza, autoestima, sentimiento de participación... Es como un renacimiento.

Cuando la palabra 'superación' se queda corta

He hablado de Oher, pero hay más estrellas deportivas que empezaron sus carreras como *homeless,* historias humanas en las que la palabra «superación» se queda corta y que nos demuestran que hay luz al final del túnel.

De Cabo Verde era un niño al que sus padres dejaron en el orfanato a los 10 años. El fútbol le salvó de la calle y la miseria. Se llama Tiago Manuel Dias Correia y se le conoce como Bebé. En 2008 participó en su primer mundial; era la Homeless World Cup. Bebé juega hoy en el Manchester United por once millones de dólares. El cuento de hadas, a través del fútbol, se ha hecho realidad.

Adeline fue abandonada a los 3 años en un mercado de Costa de Marfil. Creció en un hogar de Aldeas Infantiles en Abobo Gare, donde se convirtió en atleta. Tiene el récord de Costa de Marfil en 100, 200 y 400 metros cadete, es la mejor de África en los 400 y tiene una meta: representar a su país en unos juegos olímpicos. Hoy es una universitaria que estudia en el Reino Unido gracias a una beca y con los ojos puestos en Brasil.

Patrick Willis huyó de su casa porque tenía un padre alcohólico que le pegaba. No se marchó a ninguna parte en particular, solo quería huir y sacar a sus hermanos del calvario de su casa familiar porque, según dice, «la fuerza no sirve solo para ir hacia delante, también para impedir que nada te dificulte avanzar. Esa fuerza la encuentras en ti, en tu fuerza interior». Hoy Willis juega al fútbol americano en el San Francisco 49ers. Ni él ni sus hermanos tienen ya que preocuparse por su padre alcohólico porque, entre otras cosas, Willis tiene un contrato de cinco años y cobra 16,7 millones de dólares por temporada. Como dato curioso, en la final de la Superbowl de 2013 tuvo como oponente a otro deportista que había sido un chico sin hogar, Michael Oher, que jugaba por los Baltimore Ravens.

El sueño español

Las historias de Oher y de Willis encarnan el sueño americano llevado a sus últimas consecuencias: pasar del infierno a tocar el cielo con las manos. En España tenemos historias menos espectaculares, quizá, pero igualmente asombrosas y dignas de admiración. Juan Carlos Ramos Sánchez trabaja en la prevención de la exclusión social desde un gimnasio donde entrena en lucha grecorromana a jóvenes del barrio barcelonés de La Mina. Es defensor a ultranza del deporte como herramienta educativa: «Intento que los chicos del barrio ocupen su tiempo libre con una práctica deportiva y que aprendan valores. Que intenten tener una vida mejor que la que tienen ahora». La Mina es un barrio guerrero que arrastra un estigma de marginación desde la década de 1980. Hace ocho o diez años empezó un proceso de transformación impulsado por las administraciones municipales y por la Generalitat y las cosas han mejorado. Ahora tienen polideportivo, biblioteca, tranvía, nuevas viviendas..., pero queda el cambio social. Aunque Juan Carlos reconoce que hay casos perdidos, él y su equipo intentan trabajar con jóvenes y niños para los que todavía hay esperanza.

Entre los chicos que entrena Juan Carlos, encontró un diamante en bruto que a día de hoy ha sido atleta olímpico en Londres y Brasil. Se llama Óscar Parra y es un referente en el barrio de La Mina a nivel deportivo y educativo. Es el único del grupo de cuarenta chavales que empezaron a entrenar hace diez años con Juan Carlos que ha llegado a la universidad. Lo de ser referente en un barrio tan complicado lleva consigo una gran responsabilidad y Óscar lo sabe: «Tienes que ser impecable. Tienes que estar a la altura de tu reputación y eso te ayuda también a seguir luchando. Es mucha responsabilidad». Pero él la asume porque cree en su labor.

¿Qué es mejor?

Óscar estudia para ingeniero informático. Pero si estuviera en Estados Unidos hoy sería probablemente una superestrella, ¿no? Estaría ganando muchísimo dinero. Aquí en cambio sale él solo adelante, se tiene que buscar el pan. ¿Qué es mejor? Porque luego está el caso de otro Oscar, Oscar Pistorius, el atleta paralímpico sudafricano que terminó como terminó. Recibió todo tipo de ayudas, patrocinios de Nike, etcétera. Le regalaban Ferraris y da la impresión de que no estaba preparado para asimilarlo. John Carlin conoce muy bien su historia porque ha publicado un libro sobre él: *Pistorius, la sombra de la verdad.* Cuando se estaba documentando para el mismo entrevistó a un compañero de Pistorius del equipo paralímpico sudafricano: «un chico negro sin brazos que no tuvo patrocinio ninguno pero que está en la universidad estudiando derecho, cosa que Pistorius no hizo [estudiar] y ya tiene un trabajo esperándole». Carlin cree, y yo con él, que ahí hay una pequeña lección. En cualquier caso, una vez más comprobamos que el deporte nos puede llevar lejos, muy lejos. Como decimos en inglés, *the sky is the limit.* «El único límite es el cielo».

9

Camino del éxito: el sagrado momento del comienzo

Pocas vocaciones como la del deporte se despiertan con tanta pasión en la infancia y la adolescencia. Y entre los deportes, el fútbol, por su influencia mediática y porque permite ejercer el liderazgo de grupo, se lleva la palma: millones de niños sueñan con ser futbolistas de éxito.

Pero muchas veces —las más— esos chavales se despiertan un día y descubren que el balón no rueda, que el estadio no ruge, que nadie les aplaude y, también, que ya no son niños. Lo resume muy bien el gran Vicente del Bosque: «El fútbol es cruel y llegar a la élite no es fácil».

Pensar en el fútbol las veinticuatro horas

Muchas veces me he preguntado por qué tantos niños con talento no consiguen llegar; sin embargo, John Carlin se plantea la cuestión desde el punto de vista opuesto, y quizá tenga razón. «A mí lo que me asombra es lo tremendo que es llegar. Son tantos los millones de niños que sueñan con ser futbolistas y la cantidad de obstáculos físicos, geográficos, etcétera, que existen, que no discuto los enormes salarios que perciben los futbolistas porque pasan por una selección honesta en la que te miran y te juzgan cada semana».

La experiencia de no pasar esa selección parece que también genera gente estupenda. Miguel Hoyos, con una zurda comparable a la de Maradona, jugó en la divisiones inferiores del Real Madrid con Iker Casillas y no llegó. ¿Sentirá envidia de Iker? «No, le respeto por lo que ha conseguido, se lo merece. Mi padre me decía que para triunfar en esto había que pensar en ser futbolista las veinticuatro horas del día, y con el paso del tiempo me he dado cuenta de que no era mi caso. A esa edad es muy difícil tenerlo tan claro. Yo creo que si no llegué es porque no me lo merecía».

Una lucidez extrema y una gran honestidad, pero ¿existe el factor suerte en lo de llegar a ser futbolista profesional? Para Miguel ese factor «es importante, pero hay gente que busca la suerte más que otra».

¿EL FACTOR SUERTE?

Me intriga saber si en esa etapa tan temprana se notaban ya las diferencias entre unos aspirantes a futbolistas profesionales y otros. ¿Pensaba Miguel que Iker llegaría tan lejos, o que sería uno más de los muchos que lo intentan? «Ya sobresalía, superaba todas las etapas muy rápido».

Estos alevines de futbolista también tienen sus entrenadores, el de Miguel Hoyos lamenta no haber sabido transmitirle que «había que trabajar mucho más para brillar». Y Miguel le da la razón. Con su experiencia, la de haber tenido que renunciar a un sueño, ¿aconsejaría Miguel a un hijo suyo que se embarcase en el de ser futbolista? «Si de verdad lo desea, le animaría, pero también hay que hacer otras cosas. A mí mis padres me obligaron a hacer alguna cosa más y se lo agradezco en el alma».

El marqués del Bosque, gran educador de futbolistas, fue en tiempos jefe de la cantera del Real Madrid y se acuerda de Miguel Hoyos. «Miguel Hoyos Franco», cita de memoria. «Tenía mucha técnica y visión de juego. Lo tenía todo para ser un jugador importante».

Cuando los niños de la cantera eran más pequeños, Del Bosque solo se fijaba en si jugaban bien al fútbol; luego, cuando crecían, valoraba otros factores, como la velocidad o la resistencia... y sobre todo «el carácter, que es clave en la progresión de un chaval. Es importante que sean obedientes, que sientan emoción por el juego. El fútbol no es un deporte individual, sino que el jugador debe adaptarse al equipo. Y luego está el factor suerte, que no a todos les llega».

Existe otro factor inevitable que no siempre juega a favor de la adecuada progresión de los chicos. Se trata, paradójicamente, de sus padres. Para Del Bosque, «durante la etapa de formación los padres son muy importantes. Pero deben ser solo espectadores, dejar a los entrenadores realizar su trabajo, la formación».

Competir con uno mismo

Con todo, sigue en el aire la gran pregunta: ¿existe algún factor que marque la diferencia entre el jugador que da el salto a la élite y el que no? Zidane hablaba de un compañero de Francia que era mejor que él y sin embargo no triunfó. Para el seleccionador nacional, la respuesta está en los sentimientos, en la emoción por el juego: «Todos hemos conocido a alguien que era muy bueno, pero no todos llegan. La ilusión, la emoción, el vicio por el balón son determinantes a la hora de hacer o no el sacrificio». Una emoción que se traduce en aplicación y disciplina, pienso. Y en obediencia.

Esa entrega al juego, ¿se puede aprender? ¿Se puede enseñar? «Los entrenadores muchas veces tenemos que huir del halago, mostrarle al jugador sus defectos, lo que tiene que mejorar. Eso forma la personalidad. Por tanto, se puede enseñar a competir con uno mismo, sí».

Pienso que Vicente del Bosque no solo es un excelente entrenador, sino un gran educador que nos enseña cuál es la actitud adecuada ante el éxito y el fracaso. Es feliz con lo que hace porque se fija en los pequeños detalles: «Cuando salimos al campo a entrenar, una gran mayoría de jugadores se va pasando la pelota, tocándola con el interior. Puede que no sean técnicamente perfectos, pero tocar el balón les produce verdadero placer. A mí esa clase de jugadores me hace feliz».

De tal palo, tal astilla: la función de los padres

Existe una figura cada vez más habitual en los entrenamientos y los partidos de equipos infantiles y juveniles: el padre gritón. Cuando un niño destaca en el campo, el padre hace lo propio en la grada porque es el que más grita. A mí esa presión no me parece buena.

Pero hay padres distintos. Conozco al de un magnífico futbolista, campeón de Europa y campeón del mundo con la selección española. Jugó en el Zaragoza y en el Manchester United, pero su club es el Barça. Hablo de Joan Piqué, un padre que procuraba «pasar inadvertido en el campo cuando jugaba su hijo, Gerard». No era el clásico padre gritón. Joan ha conocido a otros padres «que se agarran a un clavo ardiendo cuando creen que sus hijos tienen posibilidades». Él, en cambio, si las cosas «iban bien», no le hacía comentarios a Gerard y, si iban mal, le hacía notar los defectos. «Pero nunca discutíamos».

Yo no puedo decir lo mismo. Cuando jugaba al fútbol, mi padre era de lo más «beligerante». Recuerdo una vez que íbamos ganando 8 a 1 y cuando faltaba poco para que terminara el partido, iba a hacer un remate de cabeza y tuve que agacharme para que el defensa no me la arrancara. Después, en el coche, cuando mi abuelo me dio la enhorabuena, mi padre dijo: «Lo que es este es un cobarde. En 1971 una cabeza te la arreglan en cualquier sitio, pero ese balón se ha ido al limbo». Y tengo que decir que, de haber tenido que elegir entre escuchar a mi entrenador o a mi padre, habría elegido a mi padre, porque vivía con él. Y todavía no tengo claro si me ayudó mucho o no. ¡Me hice tres fracturas de cráneo! En fin, supongo que debe de ser verdad que las cabezas las arreglan bien...

Cuando le conté esto a Kiko, me dijo: «Si me llega a tocar un padre como el tuyo, yo no me hago futbolista. El mío era todo lo contrario. Llegaba incluso a decirme que no había visto el partido y lo que pasaba era que se escondía. Nunca me aconsejó ni me dijo nada, nunca me presionó». Claro que de ahí a ser como el padre de Raúl Ruiz hay un gran trecho: «A mi padre lo que le gustaba eran los toros. La única vez que me vio jugar fue un día que pasaba por el estadio y dijo: "Anda mira, pues voy a entrar". Claro que solo faltaban veinte minutos para que terminara el partido...». Eso sí, cuando falleció, revisando sus papeles Raúl encontró una carpeta con recortes de periódico sobre sus encuentros deportivos.

La Masía, un proyecto que rompió moldes

Jaume Olivé es una leyenda en el Fútbol Club Barcelona. Fue el fundador de La Masía, la residencia de jugadores de la que han salido mundialistas y campeones de Europa. Ocurrió bajo la presidencia de José Luis Núñez. Olivé aprovechó las circunstancias y lo logró: «Era una necesidad perentoria. Había que incorporar a jugadores de fuera y hacía falta un lugar donde se alojaran, donde supervisar que siguieran con sus estudios».

Siempre me he preguntado a qué edad se puede empezar a tutelar a un niño para convertirlo en un gran futbolista. Para Olivé parece estar claro: «A partir de los 13 años consideramos que un niño ya puede separarse de sus padres y que, si es un futbolista de raza, si sale al campo y ve a los jugadores del primer equipo, es difícil que no quiera quedarse. No hemos tenido a ninguno que se haya vuelto atrás». Sin embargo, debe de ser muy difícil acertar. A los 13, 14 o 15 años todo puede cambiar de la noche a la mañana porque el talento no garantiza nada. «Lo que funciona es la ilusión, el espíritu de ser futbolista es la base para aguantar la situación dura de estar lejos de la familia, los amigos».

Uno de aquellos niños de Jaume Olivé fue Guillermo Amor, un chico de Benidorm, a quien él descubrió. Pero ¿cómo se hace eso? «El fútbol tiene una parte imprevisible, por eso es un juego tan sorprendente y bonito, porque no todo se puede controlar. El Barcelona fue a disputar un torneo de infantiles a Benidorm y el entrenador vio jugar a Guillermo Amor», que se convirtió en el primer gran éxito de La Masía y hoy es, además, su director de formación. Algo que no debe de ser fácil porque se ha transformado en una institución de prestigio internacional. A La Masía llegan niños procedentes de equipos infantiles o del primer año de alevines. El club se procura una exhaustiva información acerca de ellos y de sus padres. Y también la ofrece: «Hacemos todo lo posible por que se sienta como en casa. Nos ocupamos del colegio, de los entrenamientos, de la residencia si viene de fuera y de formarle no solo como futbolista, sino como persona», explica Guillermo. «Porque el porcentaje de los que llegarán a jugar en el primer equipo es muy pequeño. Pero los otros necesitarán una preparación para moverse por la vida. Tenemos claro que la educación y el buen comportamiento son fundamentales».

Rafa, el niño que no dejó de soñar

Rafael Nadal quizá sea ahora mismo el máximo ejemplo de un deportista que comenzó a serlo muy niño. Un ejemplo excepcional. A los 4 años ya le daba a la raqueta en Manacor con su tío Toni. Años —y muchos triunfos— después se le valora por el respeto que demuestra siempre hacia sus rivales. Fue algo que aprendió muy pronto. A los 12 años, después de perder un partido, dijo de su contrincante: «Ha jugado mucho mejor que yo». Ya sabía perder, que es tan importante como saber ganar. Suma ocho Roland Garros consecutivos, pero también ha sido premiado por otros valores, como el Príncipe de Asturias, que recibió en 2008 por su actitud «ejemplarizante» frente al deporte.

Para llegar a la cima hace falta esfuerzo y un poco de suerte, pero es más fácil que el éxito perdure si se tiene la cabeza bien amueblada y se está rodeado de gente sensata. Nadal lo sabe. Cuando le dieron el Príncipe de Asturias su abuelo declaró: «Era de justicia. Lo considero un epílogo-coronación a su trayectoria».

La trayectoria de un niño deportista que no dejó de soñar.

10

Homofobia o *soy lo que ves, soy lo que soy*

En ocasiones tenemos que escuchar o leer sobre la condición sexual de las personas cosas no solo ofensivas, sino también incomprensibles. Y no las escuchamos en un bar o en la calle, nos llegan de instituciones o individuos a los que se les supone una cierta preparación —un gran conocimiento— y también en los medios de comunicación. Quienes las dicen son personas que hablan o actúan contra alguien que les parece diferente y lo señalan con el dedo o lo marginan, lo crucifican.

Los primeros en reconocerse y dejarse reconocer

La homofobia se da también en el ámbito deportivo. Lo podemos ver en las gradas de los estadios e incluso en los vestuarios cuando, entre compañeros, se produce la conspiración del silencio que aísla a uno de ellos. Esto sucede cuando actuamos contra quien nos parece distinto. Pero ¿distinto de quién? Solo se me ocurre una respuesta: «soy lo que ves, soy lo que soy».

Los hechos nos dicen que hasta 1990 la Organización Mundial de la Salud no eliminó la homosexualidad de la lista de enfermedades mentales. Hoy, un cuarto de siglo más tarde, algunos siguen pensando que es una desviación del ser humano. Algunos grandes campeones deportivos han querido declarar públicamente su homosexualidad: la tenista Martina Navratilova, el ciclista Robert Millar o, más recientemente, Jason Collins de la NBA y el futbolista estadounidense Robbie Rogers. Ellos dieron testimonio por millones de homosexuales que viven en el anonimato. Pero aún perviven muchos tabúes relativos a la condición sexual de las personas.

Tabúes ancestrales

Me parece diabólico que hasta hace nada la OMS considerara enfermos a los homosexuales, y peor aún, que personas religiosas piensen que son pecadores. Diabólico. Cuando es evidente que el demonio está en otra parte. En Sudáfrica, quizá una de las futbolistas más representativas, Eudy Simelane, fue violada y asesinada, le asestaron veinticinco puñaladas por ser lesbiana. Su muerte colocó en el punto de mira internacional ese fenómeno grotesco de las llamadas «violaciones correctivas», de las que son víctimas las mujeres lesbianas de ese país. John Carlin conoce muy bien la situación: «Sudáfrica es un país con cosas admirables y ejemplares, pero el trato a la mujer no es una de ellas. Es una sociedad machista y violenta, las cifras de violaciones son atroces». Tiene datos que dicen que, aparte de los estados en guerra, Sudáfrica es el país más peligroso del mundo para una mujer y que el de Eudy Simelane no es un caso aislado. «En Sudáfrica se da una contradicción que es común al mundo desarrollado, porque su legislación es progresista y protege explícitamente los derechos de los homosexuales; Mandela mismo habló de la necesidad de que esto fuera así. Pero luego existe un abismo entre el texto constitucional y la actitud cultural. Hay que ser muy francos y reconocer que estamos hablando básicamente de la sociedad sudafricana negra; la homofobia es un fenómeno de la mayoría negra, lo de las violaciones correctivas se da ahí, son actitudes muy arraigadas que se manifiestan en este fenómeno espantoso».

Y es que antes del fin de la segregación entre negros y blancos solo un pequeño porcentaje de población negra tenía acceso a la educación. «Fue el caso de Mandela, que asistió a colegios de misioneros británicos, pero, en general, uno de los pilares del *apartheid* fue el concepto, claramente expresado por el gobierno blanco, de que había que dar una educación inferior a los negros para que no tuvieran expectativas y siguieran siendo trabajadores manuales. Fue, por tanto, una política fría y deliberada».

No obstante, por testimonios de las mujeres violadas (lesbianas en su mayoría) parece que la homofobia forma parte de la idiosincrasia de Sudáfrica. ¿Cómo podría combatirse? Es algo muy difícil en cualquier caso, porque sabemos que en el continente africano en general hay homofobia. En algunos países la homosexualidad es directamente ilegal. Y aunque en Sudáfrica existe la discrepancia entre la ley y la sociedad, el desprecio y el odio a los homosexuales están muy arraigados. Solo queda esperar, con Carlin, que los valores de Mandela acaben imponiéndose y que poco a poco determinadas actitudes terminen por desaparecer.

Ejemplos que valen más que mil campañas

Martina Navratilova, una de las grandes tenistas de todos los tiempos, salió del armario en 1981, pero tuvo dificultades porque en su país natal, entonces todavía Checoslovaquia, enviaban a los homosexuales a los asilos para enfermos mentales. Según Antonio Llopart, quien desde la revista *Shangay* trabaja por dar visibilidad a la causa gay en España, «Navratilova tuvo mucho valor saliendo del armario en los ochenta. Yo entonces tenía 25 años y fue un shock descubrir que alguien hablara positivamente del tema. Cuando estás formando tu sexualidad, encontrar a gente como Navratilova o Jason Collins es más efectivo que cualquier campaña pública».

Se entiende fácilmente la reticencia de los grandes deportistas a reconocer en público su homosexualidad. Imaginemos a un futbolista, por ejemplo: día tras día la sociedad le mira con lupa y juega en estadios delante de sesenta mil personas. Hace falta mucho valor. Por eso la actitud de Collins fue sorprendente y la reacción de la sociedad estadounidense, en general, muy positiva. De hecho, fue la primera vez que el presidente de Estados Unidos hacía una declaración de apoyo a un deportista gay.

El difícil camino de la integración

Así que hay motivos para la esperanza. Los avances en la integración social de distintas orientaciones sexuales son indudables. En el deporte, por su potencia simbólica, cada avance supone la liberación de muchas personas. Ahí están los Juegos del Orgullo Gay, algo que tiene más de fiesta que de competición, pero en los que hasta el 40 por ciento de las personas que participan no son homosexuales. En España también existen equipos de fútbol integrados por jugadores homosexuales y heterosexuales, como los Kamalions, de Bilbao, perfectamente federados. Cuando juegan no siempre exhiben su pancarta contra la homofobia y aún tienen que escuchar más de una vez desde la grada cosas como: ¡A ver si nos van a ganar estos maricones! Pero son la excepción.

El Fútbol Club Barcelona, por su parte, cuenta con una peña de gais y lesbianas desde 2007, y los contratos de los jugadores incluyen una cláusula antihomofobia. Son pequeños pasos, pero que significan mucho.

Una dolorosa historia, una fuerte esperanza

Cuando yo jugaba en el Brighton Club (casi antes de la televisión en color), en el club no había una peña de gais, pero Brighton era la capital del movimiento gay inglés. Solo por eso las aficiones rivales nos dedicaban cánticos de este tipo: «Míralos ahí de la manita» o «¿Tu novio sabe que estás aquí?». Así que nuestra afición contraatacaba y les cantaba a pleno pulmón: «Eres demasiado feo para ser gay». A mí me parece un buen ejemplo del humor británico. En España hemos convivido mucho tiempo con el «¡Guti, maricón!». Demasiado.

Llegué a tener una buena amistad con un futbolista de mi época. Era de un club rival, pero entonces en Inglaterra lo mejor del fútbol era el llamado «tercer tiempo», cuando jugadores y familiares nos tomábamos unas cervezas después del partido. Estoy hablando de Justin Fashanu, que además de gay, era negro. Ser futbolista negro y gay en los años ochenta no era fácil. En 1990 Fashanu decidió hacer pública su homosexualidad, fue el primer futbolista inglés en dar ese paso. Más tarde se marchó a Estados Unidos y allí recibió muchos ataques. En 1998 llegó la pesadilla: le acusaron de haber abusado sexualmente de un menor. Terminó huyendo a Londres y ahorcándose en un garaje. Dejó una nota en la que explicaba que era inocente, pero que temía que su homosexualidad le privara de un juicio justo. La opinión pública ya le había condenado y no quería seguir avergonzando y deshonrando a su familia.

Fue una situación injusta y durísima. Luchemos porque no se reproduzca en ningún otro lugar del mundo. Seamos sensatos, honestos y libres.

11

Marcas y medios: el gran negocio de las emociones

Quiero contarles un cuento sobre un castillo llamado deporte. Posee unos cimientos sólidos, que son los valores que debe transmitir y en él habitan sentimientos capaces de emocionar y dar vida a esos valores que, de no ser bien transmitidos, corren el riesgo de convertirse en una criatura de imprevisibles reacciones, un Frankenstein. Un monstruo capaz de trocar esos sólidos cimientos en arena, y el castillo, en un castillo de naipes.

Compañías peligrosas

Hagamos un poco de historia, remontémonos a la década de 1930. La llegada de la televisión transformó muchas cosas, entre ellas el deporte. Los de la Alemania de Hitler de 1936 fueron los primeros Juegos Olímpicos retransmitidos por este nuevo medio y, aunque la señal solo llegaba a los ciudadanos de Berlín, se convirtieron en el instrumento perfecto para que el ministro de propaganda nazi, Joseph Goebbels, montara toda su parafernalia sobre la superioridad alemana. La cobertura mediática de aquellas olimpiadas batió todos los récords hasta entonces conocidos: más de trescientas emisoras de radio transmitieron para cincuenta países. Muy lejos, desde luego de los cuatro mil millones de espectadores que vieron por televisión la ceremonia inaugural de los Juegos de Londres en 2012.

Por supuesto, el fútbol tampoco ha sido inmune al poder de los medios de comunicación de masas. El día en que los estadios se convirtieron en plató de televisión marcó un antes y un después en la manera de vivir el deporte rey.

El primer Madrid-Barça televisado se vio en 1959. Hoy los horarios y calendarios deportivos responden a las exigencias de las cadenas de televisión. Los medios se financian con la publicidad... y los deportistas también. Uno de los primeros en España en ceder su imagen para una marca fue Di Stéfano, que cobró ciento setenta y cinco mil pesetas por aparecer en un anuncio de medias de mujer (aunque lo de las medias no gustó nada en la España machista de 1962). Desde entonces, la máquina de hacer dinero con la publicidad no ha parado. Beckham ingresa treinta y seis millones al año; Messi y Ronaldo, más de treinta; Nadal, en torno a los veinte. Todos ganan más dinero con la publicidad que con su nómina. A todo ello colaboran los medios transformando a los deportistas en héroes..., aunque a veces también en villanos. Pero por lo general nos sirven como modelos a seguir: jóvenes, sanos, bellos y solidarios.

Nada tiene más éxito que el éxito

Los medios también han alterado los índices de popularidad de algunos deportes; es un matrimonio de conveniencia que hace crecer el número de apasionados, de practicantes, y también la intensidad de las emociones, porque las emociones colectivas se contagian. Y constituyen un gran negocio, hasta el extremo de que la imagen de un país depende de manera decisiva de la repercusión en los medios de comunicación globales de la actividad deportiva que en él se desarrolla.

La relación entre los medios, la publicidad y el deporte genera diferencias insalvables no solo entre deportes de masas y deportes minoritarios, sino entre clubes. Esto es palmario en el caso del fútbol.

Cuanto mayor es el éxito deportivo, mayores son las entradas de dinero, de tal manera que la distancia entre la élite y los segundos y terceros escalones de la clasificación no hace otra cosa que crecer. En la liga española hay un gran abismo entre el ritmo de crecimiento de los dos grandes clubes, el Real Madrid y el Barcelona, y el resto. Algunos piensan que esta situación garantiza los títulos al Barça y al Madrid. A mí me parece injusto, es como si el campo no midiera lo mismo para todos. Así pienso como deportista, pero, por otra parte, es cierto que los estadios del Barcelona y del Madrid son como dos estudios de cine en el Hollywood clásico, son realmente los dos mejores clubes del mundo. Y eso genera mucho negocio, más del que puede absorber una competición nacional.

El fútbol del 'pelotazo'

Tengo la sensación de que el fútbol es un reflejo de la sociedad y en las últimas décadas hemos vivido en un capitalismo desbocado. Me pregunto si no estaremos creando *Frankensteins* de determinados equipos de fútbol, si no se está reproduciendo en el deporte ese desmadre, ese descontrol que hemos visto en Wall Street, la City o Hong Kong, donde hemos asistido a grandes estafas y grandes *cracks*. José María Gay de Liébana, que de la economía del fútbol sabe un rato, lo tiene claro: «De alguna manera el fútbol es el vivo reflejo de la economía española. Es un modelo muy deficitario, muy endeudado, que gasta más de lo que ingresa. Es lo que los economistas llamamos economía insostenible, pero que, no sabemos cómo, va sosteniéndose».

Existen, a grandes rasgos, dos modelos: el absolutamente descentralizado, en el que cada club negocia sus derechos con las televisiones, que solo se aplica en España y México, y el centralizado, donde una entidad que gestiona los derechos de la liga nacional negocia en nombre de todos y después reparte con mayor ecuanimidad. Además, esa misma entidad vende y gestiona también los derechos internacionales del espectáculo. El gran ejemplo de este segundo caso, el modelo a seguir, no sería el fútbol —ni siquiera el alemán o el inglés, que están notablemente mejor gestionados que el español—, sino el baloncesto y, en concreto, la NBA.

Todos queremos ser americanos

En España hay alguien que sabe más sobre la NBA que Pau Gasol, y no es otro que Antoni Daimiel, nuestro gran especialista en el espectáculo del baloncesto estadounidense.

La NBA es la franquicia ideal. Los jugadores son perchas, la NBA pone el parqué y la pantalla y luego todo el mundo quiere una porción de los beneficios. Antoni lo explica a la perfección cuando dice que la NBA funciona como una empresa cualquiera: «Con cada nueva temporada hay que volver a negociar qué parte del pastel se llevan los jugadores. Antes del último cierre sindical estaba en un 54-55 por ciento de los ingresos de la NBA y gracias a las negociaciones se redujo hasta el 49-51 por ciento. Pero tanto la NBA como la asociación de jugadores estadounidense son grupos muy solidarios, muy defensores del negocio, en comparación con lo que conocemos aquí en el mundo del deporte. También en el reparto de beneficios son escrupulosos, siempre se trata de beneficiar al jugador medio, no a las grandes estrellas. Claro que al sueldo hay que añadir luego lo que cada jugador ingresa por publicidad y ahí se producen las grandes diferencias: Kobe Brian y Lebron James, por ejemplo, cobran más por la publicidad que de sus equipos».

Esto en ocasiones conduce a situaciones de película. Espectacular fue el caso de Jeremy Lin, baloncestista de origen taiwanés que sin tener contrato garantizado en la NBA —era un jugador residual—, tuvo una racha ganadora en los New York Nicks que desató una auténtica fiebre-locura mediática (la llamada «Linsanity»). Se convirtió en una auténtica estrella y estuvo a punto de provocar un conflicto diplomático entre Estados Unidos y China, que insistía en atribuirse los méritos del taiwanés. Cuando solo llevaba un mes y medio jugando en los Nicks con buenos resultados, si escribías «Jeremy Lin» en Google, ¡salían cuarenta y cuatro millones de resultados y treinta y dos millones de fotos!

Rico por su cara

Podría parecer irónico que se fije un tope salarial en un mercado que no deja de crecer; sin embargo, existen para ello razones de peso, además de la «conciencia social». Una competición abierta garantiza la expansión del negocio. Así de sencillo. El tope salarial se negocia cada cuatro años y las franquicias (equipos) que lo sobrepasan pagan una multa que se reparte entre quienes lo respetaron. De esta manera, Memphis, que es un equipo modesto, puede recibir dieciséis millones de dólares de equipos más poderosos. Y esto se produce porque las marcas buscan notoriedad aliándose con los vencedores, y los deportistas, a su vez, hacen de su buena reputación... otra marca. David Beckham era un buen deportista, quizá no un número uno..., pero era una marca y por eso lo fichó el Real Madrid. Era una marca..., ¡y era guapo! Leo Messi vende treinta y tres millones de euros en camisetas con su nombre. ¡No quiero ni pensar lo que vendería si fuera guapo!

El valor del marketing sobrepasa al valor deportivo en muchos casos. John Carlin me contó una anécdota que ilustra muy bien lo que estamos hablando: cuando el Manchester United vendió a Beckham al Real Madrid, el director de marketing del club merengue no podía creerse que lo estuvieran traspasando a «precio de jugador» y no a «precio de marca», pero así era. Entre veinticuatro y treinta millones que se convirtieron en una de las inversiones más rentables del Real Madrid y de la historia del deporte en general, porque el club no solo vendió millones de camisetas, también llegó a importantes acuerdos con marcas como Adidas.

Claro que el idilio entre las marcas y los deportistas no siempre culmina en boda. Ahí están los recientes casos de Pistorius, Tiger Woods o Armstrong, que terminaron francamente mal. Con todo, me temo que la unión de la publicidad y el deporte va a continuar por mucho tiempo. En realidad, con este fenómeno de la publicidad y el deporte sucede lo mismo que en una ocasión le comentó el gran Nelson Mandela a John Carlin hablando de la globalización: «La globalización es como el invierno. Nos puede o no gustar, pero está ahí». Pues con las marcas y el deporte ocurre lo mismo.

Ahora bien, vigilemos con atención ese castillo del que hablaba al principio y aseguremos que el medio por el que se transmiten al mundo la emoción y los valores del deporte no socave sus cimientos. O, dicho con otras palabras, que el medio no sea siempre el mensaje. El gran problema de las sociedades contemporáneas es la desigualdad y, según los expertos, esta aumenta día tras día, algo que sucede a idéntica velocidad entre unas entidades deportivas y otras, entre unos clubes y otros. Un castillo de naipes. O de cartas marcadas.

12
El sueño de Mandela o el gran poder del deporte

Si tuviera que elegir de entre mis contemporáneos al ser más grande que ha pisado la tierra, ese sería Madiba, Nelson Mandela. Vivió encarcelado veintisiete años por luchar contra un gobierno que no le dejaba ser ciudadano, pues compartía con otros treinta y seis millones de habitantes sudafricanos un único problema: era negro. El régimen político que legitimaba esta sinrazón se llamaba *apartheid* —palabra que en afrikaans significa «segregación»— y permitió a una minoría blanca gobernar un país de mayoría negra entre 1948 y 1991. Con su humanidad, su resistencia y su generosidad, Nelson Mandela hizo posible la transición a un gobierno democrático del que luego fue el primer presidente. ¿Cómo? Tendiendo la mano al hombre blanco.

Madiba logró lo impensable: unificó Sudáfrica, hizo de ella un país multiétnico, un gran arcoíris. Y una de sus herramientas para conseguirlo fue el deporte.

Exterminio de la dignidad

Mandela dijo de él que era un periodista valiente e inspirador que se atrevía a contar lo que muchos callaban. Y es que John Carlin sabe mucho de Sudáfrica, del *apartheid* y del papel de Madiba en la transición pacífica a un régimen democrático: «Mandela decía que después del holocausto nazi, que fue la gran abominación del siglo XX, el *apartheid* fue el mayor intento por exterminar la dignidad de todo un pueblo solo porque tenía el color de piel equivocado. Durante el *apartheid,* el 85 por ciento de los habitantes de Sudáfrica, que eran negros, no eran ciudadanos, no votaban, mientras el 15 por ciento ejercía el poder político y económico del país». La segregación era «física, económica y educativa. La educación de los negros era deliberadamente inferior y estaban sometidos a constantes indignidades. Tenían prohibido el acceso a parques, playas, autobuses y a las primera y segunda clase de los trenes. Incluso recuerdo un teléfono en el aeropuerto para llamar taxis que era "solo para blancos". Segregación moral, exterminio de la dignidad. Eso fue el *apartheid*». Uno de los «argumentos» sobre los que se apoyaba este régimen era el de la llamada «pureza racial»: el matrimonio y el sexo entre parejas de distinta raza estaban prohibidos. Para John Carlin, la situación tenía un lado casi cómico. «Había una ley según la cual podías solicitar un cambio de raza (porque existían varias oficiales: blanca, negra, hindú, mestiza..., cada una con distintos grados de acceso a la educación, la sanidad pública, etcétera) y comparecer ante un comité en Pretoria. Eran una especie de oposiciones. Luego se publicaban las listas y cada año resultaba que había tres blancos, a lo mejor, que habían solicitado ser negros (por amor, porque se habían enamorado de una persona de esa raza). En los comités, integrados por blancos, naturalmente, te hacían una serie de pruebas, entre ellas pasarte un peine por el pelo. Si el peine se quedaba pegado a la cabeza, es que no eras blanco. Demencial».

El jugador número 16

La música en Sudáfrica fue un arma importante de lucha contra el sistema. Yo entonces era un niño, pero me acuerdo muy bien del concierto celebrado en

Wembley en 1988 para celebrar el setenta cumpleaños de Madiba. Otra arma fue —ya lo hemos dicho— el deporte. Me refiero al mundial de rugby de 1995 que Mandela luchó porque se celebrara en Sudáfrica. Para entender la magnitud de este gesto hay que conocer primero cuál era la situación. En Sudáfrica el rugby era un deporte de blancos y rechazado por la mayoría negra. Los Springboks, que es el nombre que recibe la selección nacional sudafricana de rugby, eran un símbolo de opresión comparable al antiguo himno nacional blanco o a la antigua bandera, porque además la brutalidad asociada al rugby acentuaba su carga represiva. Pero sobre todo los negros lo odiaban porque los blancos lo adoraban, era en lo que destacaban a nivel mundial y donde centraban su orgullo e identidad. «Una de las muchas perversiones del *apartheid*», cuenta John Carlin, «era que en los estadios de rugby había un rinconcito —por supuesto el más incómodo, donde daba el sol, etcétera—, para los negros que siempre estaba lleno, y estos iban indefectiblemente con el equipo visitante».

Así que Mandela tenía una tarea compleja por delante. Y de cómo la abordó habla precisamente el libro de John, *El factor humano*, que luego Clint Eastwood llevó al cine con el título de *Invictus:* «Cuando vi ese partido entendí que era un acontecimiento político trascendental, el colofón a cincuenta años de vida política de Mandela. Fue el momento en que los blancos le aceptaron como líder legítimo y también en el que se evaporó la posibilidad siempre latente de que surgiera un movimiento contrarrevolucionario de ultraderecha. La unión del país tras la victoria fue tal, que un movimiento armado no habría tenido apoyo suficiente».

Porque lo cierto es que se forjó una amistad verdadera entre los Boks y Mandela, sobre todo entre este y François Pienaar, capitán del equipo. Pienaar era el estereotipo de afrikaans y la imagen de él y Mandela juntos tenía una gran fuerza simbólica. Hubo un momento muy emocionante, previo al partido, cuando Mandela visitó el vestuario. Llevaba la camiseta del equipo y para los jugadores fue toda una sorpresa verlo vestido con el uniforme del enemigo, con su piel negra apoyando a los chicos de un deporte de blancos. Madiba fue el jugador número 16 de aquel equipo de jugadores de rugby que ahora eran algo más: eran jugadores políticos.

La marea de la reconciliación

Digo que hubo un momento muy emocionante aquel día en el estadio de Ellis Park de Johannesburgo, pero estoy mintiendo, porque hubo muchos. Como cuando, con el estadio ya lleno, hizo su aparición Madiba con la camiseta y la gorra de los Springboks y el público empezó a corear: «¡Nelson, Nelson!». Solo años antes aquel hombre había sido considerado un terrorista y ahora era casi un semidiós. Como muy bien apunta John Carlin: «Ahí se ve la brillantez política de Mandela. La política consiste en conquistar mentes y corazones, en persuadir. En muy poco tiempo Mandela logró que toda la población blanca cambiara profundamente su visión política, renunciara a prejuicios de siglos. Cuando salió de la cárcel, la gente no se explicaba que hubieran soltado al que consideraban un terrorista. Y luego en el estadio unos sesenta mil aficionados sudafricanos al rugby—que no se caracterizan precisamente por ser la gente más fina de la Tierra— se pusieron a corear el nombre de este hombre que había sido la gran amenaza».

Yo guardo mi particular recuerdo conmovedor de aquel día. Después de comentar el partido para Canal Plus, me acerqué con mi compañero a la unidad móvil de SABC (South Africa Broadcasting Company) para pedir un taxi que nos llevara a casa. Y la persona que nos atendió se encogió de hombros y nos señaló el estadio: de él salía una ola de blancos, mientras que otra ola de negros le iba al encuentro y las dos se abrazaban.

Más 'Madiba Magic'

No acabaron ahí, sin embargo, los triunfos deportivos de Sudáfrica, que en 1996 se proclamó campeona de la Copa Africana de Naciones de fútbol. Era la primera vez que los *Bafana bafana* ganaban este torneo. Para John Carlin «fue todo un acontecimiento y el factor *Madiba magic* tuvo mucho que ver. La semifinal entre Sudáfrica y Ghana fue el partido más importante, porque todos daban por hecho que ganaría Ghana. Pero Mandela entró en el vestuario, motivó a los jugadores y antes de salir les dijo: "Hijos míos, dejo el país en vuestras manos". Y ganaron 3 a 0. Porque durante esos noventa minutos de partido, el equipo era el país, igual que en una final de fútbol la selección española es España».

Y hablando de La Roja y de victorias históricas, en 2010 España ganó el mundial de fútbol en la tierra de Madiba y de la mano del marqués del Bosque. El seleccionador español tuvo ocasión de presenciar en primera persona el liderazgo humano de Mandela y de comprobar que «todas las predicciones que hicieron los agoreros de que el mundial iba a ser un desastre fracasaron porque todo se desarrolló muy bien». Para Del Bosque, la concentración de la selección en Potchefstroom —esa ciudad en medio de la nada y de nombre impronunciable— «fue un acierto», porque sin duda «lo mejor de Sudáfrica es la gente. Las personas que nos atendían todos los días demostraron un afecto, un respeto, una educación, una riqueza personal entrañables. Cada vez que ganábamos nos esperaban a las tres de la mañana para cantarnos canciones. Recuerdo que la noche de San Juan hicimos hogueras bajo ese cielo africano que a mí me parecía tan distinto, tan raso, y ellos participaron con nosotros. Fue fantástico».

Ese apoyo de los sudafricanos a la selección española fue real. Porque yo, que estuve allí, he de decir que en el mundial en Sudáfrica había poquísimos españoles. Así que el país anfitrión adoptó a España, porque su selección había conquistado al pueblo sudafricano. De hecho, un año antes del mundial, John Carlin y yo viajamos a Sudáfrica a hacer un programa para *Informe Robinson* y detectamos una gran admiración por el fútbol español, que consideraban el mejor del mundo. A John incluso le dio la impresión de que los sudafricanos tenían una comprensión del fútbol más refinada que, por ejemplo, los ingleses.

Pero claro, es que nosotros, los británicos, lo único que hicimos fue inventar el fútbol. Luego las alegrías las dejamos para los demás.

Bromas aparte, el buen fútbol español ha quedado para siempre asociado a Sudáfrica. Es decir, que de la magia de Madiba también se ha beneficiado España. Y eso está muy bien. El gran líder dijo en una ocasión: «El deporte puede crear esperanza donde antes solo había desesperación. Es más poderoso que los gobiernos para derribar barreras raciales. Tiene la capacidad de cambiar el mundo». Él lo demostró con creces.

13
Religión y deporte o mundos que se apoyan

¿Sabían que en el Vaticano también se juega al fútbol? Hablo de la Clericus Cup, un torneo anual que disputan clérigos y seminaristas que están estudiando en Roma. La primera Clericus Cup se celebró en 2007 entre dieciséis equipos compuestos por jugadores de sesenta y cinco países. La organiza el Centro Sportivo presidido por un obispo, monseñor Claudio Paganini, con el objetivo de utilizar el deporte como medio para transmitir valores a un mundo que ya no sabe muy bien por dónde va.

Yo siempre digo que el deporte es un fiel reflejo, y al mismo tiempo una metáfora, de la vida. Para muchos, además, es una religión y la religión; con independencia de cuál sea, da sentido a la existencia de millones de personas.

Por eso muchas veces me he preguntado, ¿qué papel desempeña el deporte en la religión? Y viceversa: ¿qué papel tiene la religión en el deporte? ¿Dónde se encuentran y dónde se separan ambos? Es evidente que comparten una serie de rasgos: el sacrificio, la pasión, la entrega... Por eso la reflexión sobre sus mutuas influencias no parece del todo inútil.

El fútbol con sotana

Aunque la madre de José Alberto Montes Rajoy es de Pontevedra, no tiene nada que ver con el presidente del Gobierno. El padre Rajoy es el capitán del Pontificio San José, el equipo en el que juegan los seminaristas y sacerdotes españoles la Clericus Cup. Participaron por primera vez en 2013, en la séptima edición, porque querían que el *tiqui-taca* se viera en los campos de Roma. Se supone que en un equipo de sacerdotes el juego limpio viene de serie, aunque al padre Rajoy lo expulsaron en el segundo partido. «Era capitán y defendí a mis compañeros de las patadas que estaban recibiendo, así que me sacaron tarjeta amarilla. Quizá mi expulsión vino bien, porque el partido siguiente fue el único que ganamos». Y es que por las venas de un hombre de iglesia también corre la sangre. Los equipos del Vaticano han puesto en práctica algo que lleva años en estudio para el fútbol del resto del mundo: la expulsión temporal en forma de «tarjeta azul» que, según explica el padre Rajoy, «es como una especie de purgatorio, porque después de recibirla uno se tiene que ir al banquillo a reflexionar sobre su comportamiento durante cinco minutos. Era algo muy pedagógico». No lo dudo.

Además de poder gastar bromas con el fútbol de los curas, preguntarles si usan el vino de misa como sustancia dopante, por ejemplo; o de reírnos de cómo el padre Llamas jugaba de defensa con nueve dioptrías porque no le dejaban usar gafas; de enterarnos de que monseñor Montes Rajoy es un *celtiña* que no falta a «misa» ningún domingo en Riazor, o de que en el Pontificio San José jugaba un Iniesta, también de Albacete, que además era el mejor del equipo, la charla con el padre Rajoy es una buena ocasión para indagar sobre la relación entre el deporte y la religión: «Yo creo que tienen bastantes cosas en común. Ambos son una dimensión del hombre que traspasa fronteras, razas, nacionalidad. Y los dos unen a muchos en una misma pasión. Sin ir más lejos, *You'll never walk alone* (Nunca caminarás solo), el himno del Liverpool, el que canta siempre su afición, creo que encarna muchos de los valores cristianos». A mí, desde luego, es un himno que me emociona.

El fútbol en otro mundo

Gisella Brandi es canaria y futbolista profesional en el Al Khor de Qatar, con el que ganó la Liga y la Copa de ese país en 2013. Su llegada a Qatar me recuerda a la mía al Osasuna, cuando me contrataron para tratar de evitar que el equipo bajara a Segunda División. Claro que el caso de Brandi fue distinto: a ella la ficharon para intentar ganar la Liga, y así fue. Por cierto, que la final la disputó contra Al Sadd, el mismo club para el que juega Raúl.

Hablando de fútbol y religión, me intriga saber si las futbolistas del Al Khor juegan con velo, pero no es así: «Llevamos el equipamiento normal porque jugamos en un recinto cerrado donde solo pueden entrar mujeres». O sea, si yo quiero verla jugar, ¿no puedo? «No, solo niños menores de 10 años. Hay seguridad en la puerta».

Brandi me cuenta que, aun tratándose de culturas tan diversas, no le resulta difícil sentir la conexión con sus compañeras porque «su referencia es el fútbol europeo, sobre todo la Liga española y la Premier

League». De todas maneras, la distancia entre la vida bajo el islam y la vida en las sociedades occidentales es tan grande, que no llego a creerme que nunca se haya sentido fuera de lugar: «Al principio sí. En uno de los primeros partidos, mi compañera (la otra española que juega en Al Khor) se secó el sudor con la camiseta y se ganó una reprimenda por haber enseñado un poco la barriga».

La vida y las costumbres son muy diferentes. Y esa diferencia se expresa especialmente en el ocio. Por ejemplo, cuando ganaron el «doblete», la celebración consistió en que «la madre de una compañera organizó un par de cenas, y ya está».

En la sociedad española, la mujer —al menos en teoría— goza de iguales derechos que el hombre. Y sin embargo nuestras futbolistas, para ganarse la vida con su profesión, tienen que irse a países donde las mujeres son consideradas inferiores al hombre. Eso sí que es una paradoja.

DE CHICO DE LA 'MELÉE' A JESUITA

La relación entre deporte y religión es de ida y vuelta, se produce en ambas direcciones. Alfonso Alonso Lasheras comenzó a jugar al rugby a los 14 años en el que quizá entonces era el mejor equipo de España, El Salvador, fundado en el colegio del mismo nombre en Valladolid. Lasheras fue internacional en todas las categorías inferiores hasta que una lesión lo apartó de la cancha y le hizo reflexionar. Tenía 23 años. Ahora es jesuita y trabaja en una misión en Brasil.

Jugaba de centro y «a veces de centro *melée,* porque soy pequeño». Un chico menudo y rápido, habilidoso y escurridizo, que decidió dar un giro de ciento ochenta grados a su vida: «Tuve osteopatía de pubis y pasé varios meses de baja, uno de ellos inmovilizado en la cama. Me puse a reflexionar en todo lo que Dios me había dado, y todos los valores que me había transmitido el rugby, de entrega, de sacrificio, de compañerismo, cobraron otro sentido. Decidí que había recibido esos dones sin merecerlos y que tenía que transmitírselos a otros». Ahora es misionero y, entre otras muchas cosas, entrena en el BGH , el club de rugby de la ciudad brasileña de Belo Horizonte. Cuando hablamos de rugby, muchos piensan que se trata de un deporte violento, de dos manadas de muchachos que se arremeten sin reglas con un balón ovalado como disculpa. Pero el rugby comporta muchos valores de equipo, valores solidarios. Lasheras trabaja muy duro para inculcarlos: «Yo vine aquí a estudiar teología para ordenarme sacerdote, pero trabajando en una favela, para que lo que estudio no se quede en los cielos y se note también en la tierra».

El atletismo, casi un camino místico

En la reflexión sobre deporte y religión no podemos dejar de recordar una película mítica, *Carros de fuego*. Dirigida por Hugh Hudson y ganadora de cuatro Oscar en 1981, cuenta la historia de dos atletas, Eric Liddell y Harold Abrahams, pastor protestante el primero, judío el segundo, que compitieron en los Juegos Olímpicos de París en 1924 y para quienes Dios era una referencia central en sus vidas y en su manera de actuar. José Luis López, experto en atletismo de la Cadena SER, nos ayuda a recordar: «La historia de Liddell es fascinante. Aunque en la película evidentemente su historia se idealiza un poco, se adorna, sí es cierto que era en realidad especialista en los 100 metros, pero al enterarse de que las series eliminatorias del hectómetro se celebraban en domingo se negó a correr. Y ahí empezó la lucha por encontrar una nueva distancia en la que competir. Al final fue medalla de oro en 400 metros lisos. Y con récord olímpico (47,6 segundos). Liddell era un hombre convencido de que Dios estaba por encima de todas las cosas. Había nacido en China, hijo de misioneros británicos y después de los Juegos de París regresó a este país, donde se dedicó a evangelizar y transmitir los valores que tenían en común el deporte y la religión cristiana. Después, cuando estalló la guerra chino-japonesa, en lugar de huir a Canadá con su familia se quedó en China y terminó en un campo de concentración de Weixian, donde murió en 1945».

Harold Abrahams también era muy religioso, pero de carácter muy distinto al de Liddell. Encarnaba «el atleta que quiere destacar por encima de todo, con gran personalidad, muy arrogante, y que conserva sus creencias religiosas, pero de manera muy distinta. Para Abrahams, destacar en el deporte era una manera de combatir el desprecio del que a menudo era objeto el pueblo judío. En cambio, Liddell vivía el deporte como algo inseparable de la fe».

Algo parecido le ocurre a Jonathan Edwards, el atleta y paisano mío, hijo de pastores anglicanos, que en las Olimpiadas de Sidney de 2000 voló 18,6 metros, en un histórico triple salto que aún no ha sido superado. La religión también marcó un antes y un después en la vida y en la trayectoria deportiva de Edwards: cuando empezó, en 1991, tenía que competir en el mundial de Tokio y la prueba de triple salto se celebraba en domingo, por lo que se negó a ir, y como no existía la posibilidad de escoger otra prueba, no pudo competir. Después, tras muchas conversaciones con su padre, decidió que competir en domingo podía ser una manera de ofrendar sus éxitos a Dios. A partir de esa decisión consiguió el doble récord del mundo, fue campeón en Sidney en 2000 y es uno de los grandes mitos del atletismo.

A la concentración por la meditación

Entre las religiones o prácticas espirituales orientales que han encontrado gran aceptación en Occidente quizá el budismo se lleve la palma. Artistas, intelectuales y deportistas se acercan a esta disciplina milenaria en busca de serenidad, eso que tanto echamos de menos en la vida actual. Andrés Fernández era guardameta de mi querido Osasuna y quizá era tan buen portero porque... es budista. Su práctica espiritual le ayuda a «ver las cosas con calma» y a centrarse «en el momento presente» cuando está jugando. Como buen budista, Andrés Fernández practica la meditación, algo muy útil para el deportista porque desarrolla una de sus armas principales: la capacidad de concentración. Esta y la fuerza mental son armas fundamentales para un futbolista y en particular para un portero. Claro que yo, cuando intento meditar, termino quedándome dormido, pero es que no soy más que un principiante.

En el Osasuna los jugadores siguen rezando un padre nuestro antes de salir al campo, algo que me llamó mucho la atención cuando debuté en el San Mamés (por cierto, perdimos 1 a 4). Recuerdo que pensé: ¡qué malos debemos de ser si tenemos que rezar antes de salir al campo!

Dice John Carlin que el fútbol es la gran religión secular del mundo. Que aporta un sentimiento de identidad colectiva, de pertenencia y de fe ciega e irracional en un equipo que tiene mucho que ver con el sentimiento religioso. Claro que John también es un escéptico y teme que la religión pueda aportar demasiada «perspectiva» sobre el deporte e impedir así la entrega total que este requiere.

Y es que el deporte es un dios muy celoso.

14

El conflicto de los Balcanes o cuando el deporte tiende puentes

En la década de 1990 los yugoslavos tuvieron una generación de deportistas fuera de lo normal, magnífica. Lo curioso es que su superioridad se manifestaba de manera especial en deportes de equipo (waterpolo, balonmano, fútbol y, sobre todo, baloncesto), en los cuales, aparte del talento, son esenciales el compañerismo, la hermandad y el compromiso colectivo. Con estos valores los yugoslavos tocaron la cúspide. Hasta que un día se levantaron por la mañana y comprobaron que su compañero, su amigo, se había convertido en su enemigo. Y sus vidas nunca volvieron a ser igual.

El oficio de contar la guerra

Los ciudadanos de a pie nos enteramos de lo que ocurre en conflictos como el de los Balcanes gracias a periodistas valientes como Ramón Lobo y Jon Sistiaga. Jon había conocido la antigua Yugoslavia, «aquella entidad ficticia creada por la Segunda Guerra Mundial gobernada por Tito con mano férrea» en 1991, durante un viaje de estudios y había percibido ya la animadversión entre diferentes nacionalidades, entonces etnias. Más tarde, cuando volvió como corresponsal, vivió el despropósito de la guerra en carne propia: «Me detuvieron ilegalmente los serbios en una tierra de nadie, en la frontera entre Macedonia y Kosovo. Había un tren, me subí y los paramilitares me retuvieron varias horas y luego me hicieron recorrer el tren, trece vagones, hasta llegar a la cola, que ya estaba en territorio serbio, y me dijeron: "Bienvenido a Serbia. Es usted prisionero de guerra". A partir de ahí estuve seis días detenido». Seis días en los que fue sometido a duros interrogatorios, con agresiones incluidas. No llevaba encima el pasaporte, así que podían considerarlo un espía. ¿Qué le salvó? Su agenda de teléfonos. «Sabes que la única posibilidad de sobrevivir es salir de manos de los paramilitares y pasar al ejército regular. Pero fueron horas de interrogatorio muy duro, con golpes, patadas. Temí por mi vida. Tuve la suerte de que mi productor logró escapar y dio el aviso. Al final ¿sabes cómo se resolvió todo? ¿Cuáles fueron las llamadas decisivas para que Bernabé Domínguez (el cámara que le acompañaba) y yo fuéramos liberados?: las de Pedja Mijatović y Radomir Antić. La diplomacia del fútbol funcionó más que cualquier otro canal». El fútbol que salva vidas.

Y hablando de fútbol, el famoso gol de Zamorano al Deportivo de La Coruña que consagró al Real Madrid como campeón de liga en 1994-1995 le pilló a Ramón Lobo, corresponsal de *El País,* en Sarajevo. Se las arregló para oírlo en la radio en la habitación del Holiday Inn, sujetando un transistor con chinchetas a una cortina. A Ramón, la primera vez que llegó a Sarajevo le dio la sensación de estar en Madrid en 1936. Y siempre tuvo problemas para distinguir entre bombardeos de morteros y tormentas. Incluso en una ocasión en Madrid llegó a confundir una con el otro. Y es que la transición abrupta que supone pasar de una zona de guerra a la vida cotidiana tiene que ser brutal y difícil de digerir. Cuando le pregunté a Ramón si tenía pesadillas con lo que había vivido en los Balcanes, con los muertos, me contestó: «Sueño más con los vivos. Cada vez que acababa un turno de corresponsalía allí no venía de inmediato a Madrid, sino que cogía el coche en Zagreb y conducía a Trieste, donde hacía escala. Una vez que volví directamente tuve la sensación de estar traicionando a la gente que había dejado allí».

El número de teléfono de Arkan y el cartero de Meho Kodro

Las anécdotas de los corresponsales de guerra relacionadas con el fútbol darían para escribir varios libros. Las intersecciones entre el deporte y las situaciones de vida o muerte parecen ironías del destino. Por ejemplo, tener el número de teléfono de Arkan, el líder del grupo paramilitar serbio Los Tigres de Arkan, famoso por su crueldad y violencia, fue para Jon Sistiaga una cuerda de salvación durante la guerra de Kosovo: «Ese número de teléfono de un tipo que significó tanto para los serbios yo lo tenía en mi agenda como presidente de un club de fútbol que había jugado contra el Atleti porque alguien de la directiva del club me lo había pasado. Y se convirtió en un salvoconducto en una situación peligrosa».

Por su parte, Ramón Lobo hizo de cartero de Meho Kodro, el exfutbolista y entrenador bosnio, cuando entregó en la redacción de *El País* unas cartas que le enviaba su familia desde la zona de guerra, y en otra ocasión, mientras circulaba por una carretera en plena guerra de Grozni, amenazó a un autoestopista con bajarle del coche porque se le ocurrió decir: «Barça Stoichkov».

Una vez hermanos

El conflicto de los Balcanes tuvo un comienzo simbólico precisamente en un estadio de fútbol el 13 de mayo de 1990. Me refiero a la famosa patada del capitán del Dinamo de Zagreb, Zvonimir Boban, a un agente del ejército federal yugoslavo que estaba maltratando a un aficionado croata durante un Dinamo-Estrella Roja de Belgrado, un partido que terminó con más de cien heridos.

Aquella guerra obligó a exiliarse a muchos deportistas, que tuvieron que buscarse la vida en otros países. Es el caso del exfutbolista Zoran Vekic, natural de Belgrado, que consiguió salir de Yugoslavia y fichar por el Toulouse haciéndose pasar por su propio agente. (Por cierto, que aquello de simular ser agente resultaría premonitorio, porque Vekic más tarde representó a jugadores como Prosinecki, Mijatović o Suker). O el de dos jugadores de baloncesto superlativos, ambos campeones del mundo con la selección yugoslava y que terminaron en Estados Unidos jugando en la NBA. Drazen Petrovic y Vlade Divac eran como hermanos, habían vivido muchos años juntos y cuando estalló la guerra dejaron de hablarse. Su tragedia la resume muy bien Antonio Daimiel: «Petrovic y Divac habían sido compañeros en la selección yugoslava durante años. Hay que decir que era uno de los mejores equipos de la historia del baloncesto. El problema comenzó cuando ganaron el mundial de Argentina en 1990. En el transcurso de la celebración, un espectador sacó una bandera croata. Divac se la intentó quitar, y los croatas y Petrovic, sobre todo, se lo tomaron mal. A partir de ahí los dos jugadores dejaron de relacionarse y en las Navidades del 1990, con el estallido de la guerra, la separación se recrudeció». En el documental *Once Brothers* (Una vez hermanos), Divac cuenta en primera persona la historia de la ruptura de esta amistad y su profundo dolor por el hecho de que la muerte prematura de Petrovic en un accidente de tráfico hiciera imposible una reconciliación.

Pero es que una guerra civil como la de los Balcanes dio lugar a toda clase de situaciones disparatadas, esperpénticas. Es famosa la ocurrida durante el campeonato europeo de baloncesto de 1991 en Roma. Entonces todavía existía la selección yugoslava. Era principios de verano y coincidió, por tanto, con la declaración de independencia de Eslovenia y Croacia. Justo antes de las semifinales, el nuevo presidente de Eslovenia le envió un fax a Jure Zdovcun, jugador esloveno de la selección, ordenándole que no jugara la final y este obedeció. (Yugoslavia ganó el campeonato y Zdovcun recibió su medalla de oro catorce años después, con motivo de un homenaje organizado en Liubliana en 2005).

Bisevac y Lovren

Hubo muchas historias de enfrentamiento, sí, pero también de hermandad. A mí me gusta mucho la del serbio Milan Bisevac y el croata Dejan Lovren. Tenían una historia común, una misma lengua y durante un tiempo compartieron también club de fútbol, el Olympique de Lyon. Ambos fueron niños de guerra en bandos contrarios, pero luego sus respectivas carreras deportivas les llevaron a compartir un mismo campo, un mismo vestuario. Podían haber decidido ignorarse, odiarse, pero optaron por llevarse bien. Bisevac dio el primer paso llamando a Lovren (que ya jugaba en el Olympique) por teléfono cuando el club francés lo fichó a él. El caso de estos dos futbolistas es todavía la excepción. El conocimiento personal, la comunicación tú a tú, favorece el reencuentro. No sucede lo mismo con las aficiones: las de Serbia y Croacia se volvieron a ver las caras en las canchas de baloncesto en 2010 y 2013 en el campo de fútbol. Los seleccionadores de Serbia y Croacia pactaron que sus hinchas respectivos no se desplazaran al campo del otro. Y es que aún queda un largo camino por recorrer hasta que las masas anónimas de aficionados de uno y otro equipo compartan gradas sintiendo que lo único que hay en juego es un partido de fútbol.

Atletismo solidario

Yo no estoy seguro de que ese momento vaya a llegar nunca, aunque hay indicios esperanzadores. En 1996 se celebró en Sarajevo el primer evento deportivo después de la guerra, una prueba llamada Atletismo Mitin Solidaridad organizada por el Comité Olímpico Internacional y la Federación Internacional de Atletismo, entonces presidida por Primo Nebiolo. José Luis López, *crack* en atletismo de la Cadena SER y Canal Plus, cuenta cómo fue todo aquello: «Algo esperanzador,

Sarajevo asediada durante más de mil días, más de diez mil muertos y entonces llega el deporte. Llega el atletismo apenas nueve meses después de terminada la guerra. Se invitó a ciento veinte atletas que participarían sin cobrar. Solo setenta aceptaron, y Primo Nebiolo se mostró muy duro con los que no fueron; les dijo que eran grandes atletas, pero que como personas les faltaba coraje». La operación tuvo mucho de aventura. Salieron de Milán dos aviones con periodistas y atletas y uno de ellos no pudo aterrizar en Sarajevo, tuvo que desviarse, porque los soldados franceses que controlaban el aeropuerto se negaban a encender el radar. «Fue una gran fiesta, con cincuenta mil espectadores. La gente necesitaba esa sensación de alegría que da el deporte. El estadio olímpico de Sarajevo está rodeado de diez mil tumbas, casi todas de musulmanes, y cada victoria se aplaudía como una gran hazaña. Hubo verdadera comunión entre atletas y público. Lo que se celebraba, en suma, era la vuelta a la normalidad».

¿La condición humana?

Si, como dice Ramón Lobo, los ingleses inventaron el deporte «como una representación exacta de la guerra, donde dos bandos se disfrazan y hay unas normas de juego», resulta más fácil entender esa intersección, ese paralelismo que tantas veces se da entre enfrentamientos armados y deportivos. John Carlin aporta como siempre su dosis de sabiduría a esta cuestión: «Esto habla de la esencia de nuestra condición humana y demuestra lo primitivos que seguimos siendo y el escaso peso de la lógica, de la razón, en nuestros procesos mentales. Somos muy manipulables. El caso más extremo es la Alemania nazi. Pero el de la antigua Yugoslavia es otro. Lo que nos salva es que luego, en ocasiones, ocurre lo contrario. Por ejemplo, en Ruanda, después del genocidio de 1994 que se saldó con un millón de muertos en cien días, hoy hay una selección de fútbol compuesta por hutus y tutsis. Somos una especie muy rara que cambiamos del odio al amor como de camisa, de un día para otro».

Entre tanto, bien está que el deporte continúe tendiendo puentes. Puentes un tanto irracionales, fortuitos, misteriosos, pero puentes al fin que evitan el dolor y permiten cruzar al otro lado, ahí donde ya no hay que temer por la propia vida, aunque siempre quede el recuerdo, un fantasma difícil de olvidar.

15
La soledad del árbitro

El trabajo del árbitro es imprescindible en el deporte, sin embargo nunca marca un gol ni termina los partidos saboreando la victoria. Si lo hizo bien, recibirá el silencio como premio, y si se equivocó, acaparará titulares y comentarios agresivos durante días. Cuando los estadios se llenan de miles de aficionados imaginando la victoria y los jugadores sueñan con hacer el partido de su vida, él se conforma con pasar inadvertido. Sus amigos y su familia sufren por él y no me extrañaría que alguno de sus hijos (a esas edades en que la sinceridad aún viene de serie) le haya preguntado: «Papá, ¿por qué eres árbitro?».

Uno de ellos es Alberto Undiano Mallenco

Pero la afición empezó mucho antes. Niños y niñas quieren ser árbitros, particularmente en el fútbol, a pesar de que muy pronto aprenderán que su máxima tarea será soportar la tensión, saber controlar la respiración cuando a su alrededor todo sean quejas y, en ocasiones, violencia. (Vamos, que las técnicas que enseña el yoga les vendrían de perlas; no en vano cada día hay más deportistas de élite que practican esta disciplina con el objetivo de superar su rendimiento físico y mental). Empezarán en equipos infantiles, juveniles, regionales, de tercera, de segunda, de primera y... unos pocos, muy pocos de cada país llegarán a arbitrar torneos internacionales, la Champions League o el mundial. Uno de esos pocos es Alberto Undiano Mallenco. Arbitró en el mundial en el que España ganó, en Sudáfrica, cumplió su sueño. Y tenemos que agradecérselo, porque sin un árbitro no vamos a ninguna parte. Supongo que ser licenciado en Sociología le habrá ayudado a mediar en más de una disputa en los campos de juego... Y así es: «El fútbol es uno de los fenómenos sociológicos más importantes de nuestros días. En los momentos de depresión, de desbordamiento, entenderlo así te ayuda a soportar determinados comportamientos de la afición o de los medios de comunicación».

Todo esto está muy bien, pero no responde a la gran incógnita: ¿qué impulsa a uno a ser árbitro? Resulta que no existen respuestas generales, que cada árbitro es una historia y, por tanto, son miles de historias distintas. Pero en cada una de ellas hay algo que comparten todas: el árbitro tiene el poder, gestiona el reglamento. En la de Undiano también: «En mi caso jugaba al fútbol en el colegio y no era muy bueno. Acabé en el banquillo y dejé de jugar pero me seguía gustando el deporte. Así que un amigo me convenció y me presenté al Comité navarro de árbitros. Hice una prueba, me lo pasé bien. La impresión que saqué pitando aquel partido fue que la gente me hacía caso, me obedecía, una sensación que para un niño de 13 años no es muy común, pues por lo general es él quien obedece. Sensación de poder y de estar haciendo deporte a la vez. Me gustó».

FALTA DE RESPETO POR LA JUSTICIA

¡El poder! ¿Qué tendrá el poder?, aunque en ocasiones tener que aplicarlo sea un *marrón* extraordinario. Todos los trabajos tienen su responsabilidad, es cierto, y es de suponer que quienes permanecieron tanto tiempo arbitrando están preparados para desarrollarla, pero... recientemente tres jóvenes holandeses han matado a un árbitro a golpes. Y las categorías inferiores parecen las más peligrosas. Undiano dice que «al principio se pasa, si no miedo, respeto. Con 16 años arbitrar partidos de Primera regional te hace madurar bastante. Miedo no he llegado a pasar, tuve la suerte de superar rápido las categorías regionales, y en la actualidad el comportamiento del público ha mejorado».

Existe una regla para la convivencia pacífica: los árbitros nunca arbitran a los equipos de su pueblo o ciudad. De esa forma evitan ser «reclamados» en plena calle cuando hacen su vida diaria. En cierta medida es una pena y habla muy mal de nuestro nivel de educación. Porque los árbitros se equivocan, claro, pero también sufren por sus errores. Undiano me confesó que después del partido en muchas ocasiones le cuesta dormir y se pasa horas «dándole vueltas a una jugada». Por eso me resulta extraño el nivel de tolerancia que tenemos con la falta de respeto a la figura de los árbitros y también la indefensión en que aparentemente se encuentran. Creo que Undiano Mallenco acierta de pleno cuando afirma que «se trata de una general falta de respeto por la justicia». Por todo tipo de justicia, añado.

Me insultan por ser árbitro, no por ser mujer

El nuevo protagonismo de la mujer en el fútbol tampoco ha sido ajeno al arbitraje. María Luisa Villa lo ha sido todo: entrenadora, utilera, jugadora y árbitro. Ha participado en dos juegos olímpicos y en varios mundiales, pero ¿cómo empezó a usar el silbato? «Vivía en un pueblo muy pequeño, Puebla de Don Rodrigo, y los niños querían jugar al fútbol pero no tenían nadie que les ayudara, así que me hice utilera, entrenadora y cuando me propusieron arbitrar, probé y seguí». Con estos modestos principios, María Luisa estuvo a punto de arbitrar en Primera División, solo se lo impidió una prueba de velocidad que no logró superar. ¿Y los jugadores son más pudorosos cuando el árbitro es una mujer? La respuesta de María Luisa me dejó helado por su sinceridad y por comprobar otra vez que el fútbol permite abstracciones que difícilmente se darían en otras actividades, oído al parche: «Los jugadores suelen estar tan concentrados que se olvidan de que hay una mujer en el partido, me insultan por ser el árbitro, no por ser mujer».

Más tópicos desmentidos: las mujeres que juegan al fútbol no son ni más delicadas ni más educadas con el árbitro. Resulta que hay «más agarrones y es un juego incluso mucho más sucio».

Havelange: Sin polémicas, ¿de qué hablaríamos los lunes?

Habrá que concluir que las arrugas e imperfecciones del rostro del fútbol son algo atractivo. Que, como dijo Joao Havelange, el mítico expresidente de la FIFA, si no fuera por la polémica de los partidos, ¿de qué hablaríamos los lunes? Desde luego, un partido no solo dura noventa minutos, pues los errores y los aciertos que se producen durante el mismo dan para mucho más, incluso para años de discusiones... y de rencores.

Si el fútbol es el gran fenómeno de masas moderno es precisamente porque se acerca a la vida, que está llena de azar y de injusticia. Si tuviéramos de árbitro a Dios, a una máquina divina infalible, el deporte, el juego perdería mucha sustancia. El fútbol es un tema de conversación permanente y las decisiones arbitrales dan para mucho. Y la recurrente falta de consenso sobre decisiones arbitrales también demuestra lo absurdo de criticar tanto a los árbitros, porque a ver quién es el guapo que se pone en su lugar, con lo difícil que es su trabajo.

Los mejor valorados

En ocasiones me pongo nostálgico y canto (¡muy mal!) *Flower of Scotland*, un himno oficioso escocés que la afición acostumbra a entonar en los partidos de rugby. ¡Me encanta el himno y me encanta el rugby! Y hay un estadio mítico de este deporte, el de Murrayfield, en el que Félix Villegas tuvo la suerte de arbitrar un torneo femenino de las Seis Naciones. Pero no menciono el rugby para hablar de Escocia, sino porque en este deporte (que para los ignorantes es el paradigma de la brutalidad) resulta que los árbitros son muy respetados. He de reconocer que cuando el rugby se hizo profesional en Europa yo me eché las manos a la cabeza, temí que empezáramos a ver jugadores tramposos y maleantes en un deporte que era tan noble. Pero no ha sido así.

Me cuenta Villegas que en el rugby las protestas que se dan en el fútbol son inaceptables. Si un jugador protesta una falta, se le sanciona con diez metros, más la falta. Y eso es como perder el comodín en el póquer o la tarjeta para salir de la cárcel en el Monopoly, porque en el juego del rugby la distancia es la clave. Por otra parte, en este deporte, el capitán de cada equipo es un aliado del árbitro, una referencia, una ayuda, porque el reglamento es muy complejo y «la clave de un buen árbitro es entenderlo globalmente».

El espíritu del juego

Para John Carlin, mi filósofo de cabecera, «el árbitro es el auténtico héroe del fútbol y al mismo tiempo la figura más criticada, la menos valorada. Vive en un auténtico dilema: se supone que es omnipotente, que es Dios, cuando lo cierto es que es humano y, como tal, se equivoca. Pensamos que tiene que ser infalible y eso es absurdo». Una buena descripción, un buen planteamiento de lo que pasa, sí. Pero pensemos en los árbitros que triunfan, los que arbitran mundiales y deciden en la Champions: ¿tienen virtudes comunes?, ¿tienen piel de rinoceronte y son temperamentalmente autoritarios? Undiano Mallenco no está de acuerdo con que exista un perfil determinado para el árbitro de la élite: «Salvo en la preparación física y técnica y en el entendimiento del espíritu del juego». Un entendimiento que atesoran viendo cientos de partidos y estudiando a los jugadores, de una manera absolutamente profesional.

Hemos tratado de acercarnos con honestidad a la figura más polémica en todos los deportes. Ha sido una breve visita, sí, pero nos marchamos con la conciencia de su importancia capital y, sobre todo, con la seguridad de que cuanto más fácil y más respetado vaya siendo su trabajo, mejor irán globalmente nuestras sociedades e incluso nuestras úlceras.

16

Niños que quieren ser futbolistas o traficar con sueños humanos

Si encendemos el televisor, con independencia del día o la hora que sean, hay grandes probabilidades de que en algún canal estén poniendo fútbol. Esta descomunal fábrica de entretenimiento que tantos espectadores tiene en todo el mundo es una especie de gigante siempre hambriento al que hay que alimentar sin parar. Para «que siga el espectáculo». El problema es que lo que vemos en la pantalla es solo el barniz, la superficie de una industria donde no es oro todo lo que reluce, donde los «diamantes en bruto» a veces se quedan en eso, en piedras sin pulir y que además en ocasiones tiene ramificaciones verdaderamente terribles para la sociedad en general y la infancia en particular.

La (falsa) promesa del fútbol

Ya sabemos que son millones los niños que sueñan con llegar a jugar en una de las grandes ligas. Y cuando estos niños además viven en una situación de pobreza, de falta de oportunidades, la promesa del fútbol se convierte en una tentación irresistible por la que están dispuestos a sacrificarlo todo. Ellos están dispuestos... pero a menudo sus padres también.

Niños futbolistas es el título de un libro que escribió el chileno Juan Pablo Meneses para narrar lo que yo veo casi como un inframundo. Meneses se dedicó a recorrer América Latina, emprendió lo que él llama «una cacería» por las ligas y escuelas de fútbol para comprar un niño al que luego llevarse a Europa, donde supuestamente terminaría fichado por uno de los grandes clubes. Su gran sorpresa fue comprobar que casi todos «los niños de 10 años con cierto talento para el fútbol están fichados por un club o un representante». Su libro, qué ironía, «muchos lo han leído como denuncia, pero otros, como manual, porque explico todo el proceso».

Estamos hablando, pues, de una maquinaria de venta de talentos muy desarrollada. Claro que de esos niños muy pocos, poquísimos, lo conseguirán:

«Son muy pocos los Messi, los Falcao. Y si hay uno que lo consigue, otro representante, otro club más grande te lo acabará robando. Así que el negocio está en la compraventa, el consumo rápido de menores».

Me preocupa especialmente que este fenómeno terrible esté llegando a Europa. Meneses, de hecho, habla de «posfútbol» en referencia a las grandes ligas. «Cuando presenté el libro en Barcelona, el Barça acababa de fichar a Neymar y oí decir a dos personas en un bar: "A ver si con Neymar recuperamos la inversión". Es decir, que preocupa más el negocio que ganar campeonatos. Hasta los hinchas. En esa industria tan desatada cada vez se van a comprar los niños más pequeños, hasta llegar al punto de ficharlos antes de nacer, como con los caballos de carreras. De hecho, el hijo de Kun Agüero y la hija de Maradona ya tenían tres precontratos ofrecidos antes de nacer. Es una carrera sin freno».

Vacío de poder

Y yo pregunto ¿dónde están las leyes cuando las necesitamos? Porque salta a la vista que situaciones como la descrita son posibles gracias a un vacío de poder, a una «abdicación» por parte del Estado y también de los clubes de sus responsabilidades para con la infancia, para con la sociedad. Hernán Zin lleva diecisiete años viajando por el mundo haciendo documentales sobre conflictos armados o grupos sociales que viven en condiciones de pobreza extrema. Es autor de un documental estremecedor titulado *Quiero ser Messi,* que retrata las esperanzas de unos chicos argentinos que quieren probar las mieles del éxito y la fama siendo futbolistas y para ello se dejan reclutar por agentes sin escrúpulos. Esperanzas que, en el 99 por ciento de los casos, se quedarán en nada. Dice Zin que «esto ocurre en países donde el Estado está en retroceso, no existe, algo que aprovechan estos personajes advenedizos, estos agentes. Tiene que haber un Estado rector que llene el vacío de poder actual al que también han contribuido los clubes, porque han renunciado a ojear ellos mismos». Y, ¡ojo!, estos supuestos cazatalentos ni tienen acuerdos previos con los clubes ni aportan infraestructura ni se ocupan de la educación del niño.

Nada que ver con mi fichaje, vamos. A mí vino a verme nada menos que sir Bobby Charlton, entonces entrenador del Preston North End. Después el club me dio una educación no solo balompédica, sino también académica y, por supuesto, había un contrato legal. Pero aquí hablamos de niños que no tratan con los clubes, sino con un agente que no les da ninguna garantía y que saca al niño de su entorno familiar, de su escuela. Esto se llama traficar con sueños humanos.

Y por lo visto estos pseudoagentes no son los únicos en fichar niños. En Argentina el negocio es boyante: «En Buenos Aires yo he visto bufetes de abogados con fondos de inversión donde tienen a más de mil niños. Es como invertir en bolsa. El 60 por ciento de niños argentinos mayores de 6 años que juegan en ligas tienen representante», me cuenta Zin.

Ante esta situación tan preocupante yo tengo clara la doble responsabilidad del Estado, por un lado, y de los padres, por otro. Zin está conmigo: «En el documental hay cosas muy sutiles, como que todos los padres dicen una misma frase en referencia a sus hijos y el fútbol: "Es mi sueño". "Nos hemos sacrificado para que él haga realidad MI sueño". Todos son futbolistas frustrados. Así que la presión sobre el niño es brutal, no tienen infancia ni libre albedrío. Son mercancías, víctimas del deseo de sus padres de salir de la pobreza. De treinta mil, llega uno. Dejan de estudiar, se van a la capital y con 17 años se encuentran con las manos vacías».

Cuando lo que queda son los valores

Y es que el poder del fútbol es inmenso, magnético. La clave está en usarlo para una buena causa, como hace el exfutbolista argentino Gustavo López. Gustavo podía haber sido uno de estos niños-mercancía, pero tuvo la fortuna de contar con un padre responsable. «Cuando siendo muy jovencito iba a debutar en el Independiente, vinieron a verme muchos representantes de jugadores de mucho renombre. Se reunieron con mi padre porque yo era menor de edad. De vuelta en casa mi padre me dijo: "Cuando seas mayor de edad, firma con quien quieras, pero mientras yo tenga tu patria potestad no vas a firmar con nadie. Vos sos mío y de nadie más". Con esto quiero decir que la culpa es, sin duda, de los padres que firman documentos a espaldas de los niños. Hubo una época en Argentina en que había padres que firmaban contratos a cambio de ropa deportiva, de un teléfono móvil de seiscientos pesos (unos cien euros). El representante se podía juntar con mil niños, de los cuales el 99 por ciento no iba a llegar, pero con que lo hiciera un 1 por ciento la inversión quedaba amortizada». Por suerte: «Últimamente esto se está regulando un poco más. El club tiene el poder sobre el jugador y el agente se queda con un 20 por ciento de su futura venta». Gustavo dirige ahora una escuela de fútbol que lleva su nombre y se preocupa de educar a los chicos, está pendiente de su rendimiento académico y de inculcarles valores. Y es que, cuando te lesionas o dejas de jugar, lo que te queda son los valores.

Diamantes negros

Argentina es un caso extremo, grotesco casi, pero habla de un regreso al mercantilismo, a los albores de la Revolución Industrial, cuando la vida humana no tenía valor. En ese sentido, supone un retroceso de la humanidad. A una cultura del todo vale. Pero ¿y en África? Pues allí la realidad es aún más trágica. La película *Diamantes negros* habla del tráfico de niños en ese continente. Su director es Miguel Alcantud. Es una película de ficción pero basada en hechos reales: los niños del continente africano (en este caso, de Mali) que son reclutados y traídos a Europa, previo pago por parte de sus familias, gentes humildes, de elevadas cantidades de dinero con la promesa de que van a jugar en un club europeo de Primera División. Uno de estos diamantes negros es Alassane Diakité (quien además actúa en la película), que en 2007 dejó Mali con un agente que al llegar a Francia le puso a jugar en clubes amateur. «Mi familia tuvo que pagar más de tres mil euros (el padre de Alassane era agricultor) para que yo viniera a Europa y una vez llegué a Francia me di cuenta de que lo que me habían prometido no era verdad. El problema es que desde África los niños ven a Europa como el paraíso y no es así».

Alassane terminó cogiendo un autobús a Madrid. Hoy tiene un trabajo y por las tardes juega en el C. D. Canillas y entrena a la cantera del club. Cuando yo lo conocí, todavía soñaba con jugar en Primera División. Su espíritu de lucha y su talante le han permitido salir adelante mientras continúa persiguiendo su sueño. Pero la película *Diamantes negros* viene con una advertencia: unos veinte mil jóvenes vagan por las calles de Europa tras haber caído en el engaño, en la falsa promesa de triunfar en el fútbol. Y yo me pregunto: ¿qué será de ellos?

17

Fórmula 1: ¿gladiadores en carros de fuego o pilotos en la Play Station?

Confieso que me conquistaron desde pequeño aquellos duelos con estrépito de motores y humo de gasolina quemada entre Graham Hill y Jackie Stewart. Después los de James Hunt y Niki Lauda, que anunciaban el estallido de los velocímetros que se produciría con Ayrton Senna y Alain Prost, dos gigantes, dos gladiadores montados en sus carros de fuego.

Estos pilotos eran como *playboys* jugándose la vida y resultaban elegantes, siempre rodeados de mujeres espectaculares y objeto de admiración de millones de personas. Muchos niños quisimos ser como ellos. Pero llegar a piloto de Fórmula 1 no es fácil (por eso, entre otras cosas, me hice futbolista).

Un mundo de cartón piedra

En la película *Rush,* sobre la legendaria rivalidad entre James Hunt y Niki Lauda, se dice: «Hay una mentira que los pilotos se cuentan a sí mismos: la muerte es algo que le ocurre a los demás. Así reúnes el valor suficiente para subirte al coche. Pero más poderosas que el miedo a la muerte son las ganas de triunfar». Me sigue fascinando ese mundo de la alta velocidad, quizá porque nací en el Reino Unido y de alguna manera la Fórmula 1 es casi cosa nuestra. También porque tiene tanto de deporte como de película del viejo Hollywood. Y al igual que las películas, también incluye su parte de decorado, su parte de cartón piedra. Esto me lo asegura Manuel Franco, corresponsal de la SER en la Fórmula 1: «Durante el primer torneo al que fui, un veterano y sabio de este deporte me dijo que en la Fórmula 1 todo era cartón piedra, que el momento de la verdad es cuando los pilotos inician la carrera, aceleran y empiezan a jugarse la vida. Y cada vez estoy más convencido de que tenía razón. De que todo lo demás es una puesta en escena».

Pilotos del siglo XX

Y hay más verdades: por ejemplo, que antes de Fernando Alonso existieron en la Fórmula 1 otros pilotos españoles. Luis Pérez Sala es un barcelonés que corrió treinta y dos grandes premios de Fórmula 1. En 2012 fue jefe de equipo de la escudería española HRT F1 Team. Desde entonces es analista técnico y comentarista para distintos medios. Ante los deportes de alto riesgo —y la Fórmula 1 es uno de los más peligrosos— siempre me intriga saber si quienes los practican son verdaderamente conscientes de estar jugándose la vida. Según Pérez Sala, «los pilotos siempre lo fueron y lo continúan siendo, a pesar de que la seguridad es ahora mucho mayor. Cuando yo soñaba con ser piloto el riesgo de morir lo corrían hasta los espectadores. Fue la insistencia de Jackie Stewart en la seguridad de los circuitos la que empezó a cambiar las cosas».

¿Ese coche lo podría conducir un mono?

El fundador y mánager del equipo Williams, Frank Williams, dijo en una ocasión que lo peor de todo era meter un piloto en el coche, que iría mucho más rápido si fuera teledirigido. Luis Pérez Sala, naturalmente, no está de acuerdo, pero lo mejor será preguntar a un técnico que, por ejemplo, haya sido jefe mecánico de Ferrari y que haya trabajado para Michael Schumacher. Alguien que pudiera pensar: Dios mío, ¿qué está haciendo ese piloto con mi obra de arte? Ese alguien es Joan Villadelprat, durante treinta años técnico de Fórmula 1. «Yo puedo corroborar lo que dijo Frank Williams. En 1993 lo comprobé personalmente, con la suspensión activa y cuatro ruedas motrices en Silverstone. Gracias a los avances de *software* pudimos mandar un coche a que diera una vuelta solo. Un par de años después Lauda dijo aquello de que estos coches los podría conducir un mono. Vamos a ver, el piloto es tremendamente importante, pero hoy en día la técnica, el equipo, la organización son lo más importante. Si me pides porcentajes: diría que supone casi un 75 por ciento frente a un 25 por ciento».

Parece un disparate, porque habrá momentos en que haya que tomar una decisión, por ejemplo, cambiar las ruedas. ¿Quién la toma? ¿El *software*? ¿El jefe de equipo? ¿El piloto? Pues también esto será una decisión conjunta según Pérez Sala, porque «el ingeniero a menudo tiene más información del coche, pero el piloto sabe cómo está la pista. Dependiendo de los acuerdos que tengan, se impondrá el criterio de uno u otro». Y me recuerda que cuando Niki Lauda dijo lo de que aquellos coches los podía pilotar un mono «le invitaron a subirse a un Jaguar R-2 y pilotarlo, y no aguantó ni seis vueltas. Por un lado, los coches son importantes, pero los grandes pilotos siempre estarán ahí».

Hay vida fuera de la Fórmula 1

Es duro hacerse un hueco entre los grandes. Muchos quieren ser Fernando Alonso, pero para lograr una posibilidad de correr en un circuito de Fórmula 1 hay que batirse antes el cobre en Fórmula 3. Ahí se encuentra Dani Clos, el único español que ha ganado la Fórmula 3 de Italia y que en 2012 fue piloto de pruebas en la escudería española de Fórmula 1 HRT F1 Team. Se enamoró del motor a los 6 años haciendo karting y muy poco después pronunció aquellas palabras que, en mi opinión, pueden ser terroríficas para un padre: «Papá, quiero ser piloto de Fórmula 1». Desde aquella frase hasta ahora ha sorteado múltiples dificultades, la última de ellas la obtención, ¡por fin!, de la «superlicencia». Pero ¿qué será eso de la superlicencia? «Pues algo que la Federación Internacional de Automovilismo (FIA) decide si debes tener o no tener. Solo treinta pilotos la tienen. La superlicencia tiene sus ventajas, pero el inconveniente es el precio. Si la tienes, pagas más dinero a la FIA, es decir, que cuanto mejor corres, más pagas». Increíble.

De lo que no hay duda es de que existe vida fuera de la Fórmula 1 y mucha. Ander Vilariño es dos veces rey de los circuitos ovales (como los de Estados Unidos), que, en contra de lo que muchos puedan creer, «son diferentes y más complicados de lo que se piensa». Desde muy pequeño también soñaba con la Fórmula 1, ahora ya no, pero en cambio nunca había soñado con ser campeón de la NASCAR, y lo es. Vilariño es un piloto supersónico que sin embargo tiene los pies en la tierra. Cuando le pregunté si creía que los veintidós corredores de Fórmula 1 de ahora mismo son los mejores del mundo, su respuesta, aunque diplomática, resulta reveladora: «No. Son los que están pagando por correr y seguramente habrá otros mejores, pero los que están son buenísimos, eso sí».

Mujeres en la Fórmula 1, muy pronto

Carmen Jordá es de Alcoy y pilota en GP3, una de las antesalas de la Fórmula 1. Supo que sería piloto cuando muy niña montaba en los coches de choque de las verbenas y, según piensa, la Fórmula 1 está pidiendo que entre los veintidós pilotos de los que hablábamos antes haya una o varias mujeres. ¿Qué lo impide? ¿El dinero, como siempre? «La GP3 es como una Fórmula 1 en pequeñito en la que también hay veintidós pilotos, todos muy hambrientos», y por tanto una tremenda competición. Y la explicación de Carmen a la ausencia de mujeres en la Fórmula 1 es que: «Desde que somos pequeñas nos enfrentamos a barreras constantes. Es un deporte dominado por hombres lo que es absurdo porque hombres y mujeres competimos en igualdad de condiciones, pero es difícil ganarte el respeto». ¿Cuestión de respeto o cuestión de machismo?

Pérez Sala piensa que la mujer está perfectamente preparada para competir en Fórmula 1. Ojalá lo logren pronto, me gustaría.

No perdamos la sensatez

Las posibilidades tecnológicas y la pasión por ganar podrían hacer de los coches auténticos cohetes con ruedas, por eso la FIA pone constantes limitaciones tecnológicas. Personalmente no tengo una opinión clara sobre la necesidad de las mismas, por eso pregunto al profesional, al que se jugó la vida tantas veces. Me dice Pérez Sala que si se piensa fríamente, las restricciones parecen necesarias, porque «los circuitos no evolucionan de la misma manera que la Fórmula 1, y por tanto se volverían peligrosos y se convertirían en circos romanos. Hay que poner limitaciones. Aunque nos tocan las narices, sobre todo a los técnicos, son necesarias. Uno de los grandes cambios fue después de la muerte de Ayrton Senna. A partir de ahí se recortó en aerodinámica, en electrónica, etcétera. Se crearon grupos de estudio para los chasis y las pruebas de impacto. La FIA tiene la obligación de vigilar que no nos pasemos y nosotros, los técnicos, tenemos la obligación de pasarnos».

La Fórmula 1 es más que un deporte. Le ocurre como al fútbol, pero más a lo bestia. Es deporte, es negocio, es espectáculo... y es publicidad valiosísima. Siempre fue el banco de pruebas para los automóviles normales y parece ser que quieren que siga pareciéndolo. Pero...

La revolución de 2014

Los cambios de reglas que se han llevado a cabo en 2014 han sido tremendos, hasta tal punto que han pillado a los técnicos por sorpresa. Hay quien opina que con estos cambios se inaugura una nueva Fórmula 1, que Manuel Franco denomina «Fórmula 1 híbrida»: vuelven los motores turbo, motores RS, motores eléctricos... Ahora el motor se llama unidad de potencia. Son tantas las novedades que durante la temporada algunas escuderías como Red Bull o Renault no estuvieron donde se esperaba, y por tanto hubo variaciones en la jerarquía de la competición. Pienso que el motivo de tanto cambio fue intentar recuperar a los fabricantes que la habían abandonado: Toyota, Honda, BMW. Pretenden acercar la Fórmula 1 a la calle, de ahí los híbridos.

Todo esto me produce cierto desasosiego, no sé, tengo la extraña sensación de que se pretende supeditar el papel del piloto al de la máquina, relegarlo a un segundo plano y eso no me gusta. No quiero que mis héroes dejen de serlo.

Ya veremos. El tiempo lo dirá.

18
La NFL o el deportista como mercancía

La National Football League o NFL es la liga de fútbol americano, un deporte que por su violencia ha sido comparado con el circo romano, con la guerra y que tiene una historia salpicada de escándalos. Uno de ellos, destapado en 2011, concluyó en el verano de 2013 con la noticia de que la NFL indemnizaría a cuatro mil quinientos jugadores por lesiones cerebrales sufridas durante sus carreras deportivas. La NFL había sido opaca, no había informado a los jugadores sobre su verdadero estado de salud. Las secuelas de las lesiones y los golpes sufridos en el campo eran a cual más estremecedoras: demencia, encefalopatía traumática crónica y un alto número de suicidios. Pero a los clubes les importaba ganar a toda costa. A mí esta noticia me dejó estupefacto. De ella deduzco que los jugadores para la NFL eran —son— pura mercancía. ¿Es así?

Esconder el polvo bajo la alfombra

A José Antonio Ponseti, que conoce muy bien la realidad deportiva estadounidense, esta noticia no le dejó tan perplejo porque la situación era, hasta cierto punto, *vox populi.* «Había habido grandes escándalos. Por ejemplo, Steve Young, una gran estrella de la NFL, tuvo que dejar el juego profesional porque había recibido demasiados golpes en la cabeza y en la actualidad tiene ETC». La encefalopatía traumática crónica es una patología tristemente común en exjugadores de la NFL. También la sufría Junior Seau, uno de los grandes *linebackers* de la historia de la NFL y que impresionó de forma especial a Ponseti: «Era un espectáculo verle jugar y se disparó en el pecho para donar su cerebro a la ciencia, pues era consciente de que tenía un problema muy grave. Los jugadores afectados han llegado a consumir anticongelante, a ponerse Super Glue en los dientes en intentos por mitigar el dolor, los trastornos causados por la ETC: es una enfermedad que no se puede diagnosticar hasta la autopsia».

A raíz del escándalo y de las costosas indemnizaciones a los jugadores, la NFL declaró que iba a hacer una gran inversión en tecnología para detectar lesiones y ayudar a los jugadores. Sin embargo, quienes conocen a fondo el problema, si bien coinciden en que algo se ha avanzado, se muestran pesimistas. ESPN es la principal cadena deportiva de Estados Unidos y Kenneth Garay su comentarista oficial de la liga de fútbol americano los lunes por la noche, en la famosa Monday Night Game, porque en Estados Unidos la mayoría de los partidos de la NFL se juegan a la vez (no como nuestro carrusel deportivo, que dura toda la semana). Para Garay: «Lo de la indemnización equivale a esconder el polvo debajo de la alfombra, pero no soluciona el problema. Se están implementando protocolos para prevenir las conmociones cerebrales, con el resultado de que los jugadores han optado por atacar la mitad inferior de la anatomía. El fútbol americano es un deporte de contacto. El problema se puede limitar, pero no se va a terminar. Los jugadores saben que se arriesgan a tener conmociones cerebrales, las consecuencias de las cuales pueden ser múltiples. El gran secreto está en no permitir que nadie juegue conmocionado —algo que ocurre— porque las consecuencias de eso son nefastas para la vida del jugador». Además, no olvidemos que la NFL es, ante todo un gran negocio, la mayor industria deportiva de Estados Unidos que mueve cerca de diez mil millones de dólares al año. La NFL se convirtió en el primer deporte del país, en un auténtico furor de masas, casi de un día para otro, superando al béisbol y al baloncesto. ¡Ahora ya hay hasta jugadores cotizando en bolsa!

Un gran negocio, sí, pero con una historia plagada de escándalos, como el que cuenta José Antonio Ponseti: «Los Saints fueron sancionados porque su entrenador les enseñaba unas técnicas para ir a lesionar al *quarterback* y les premiaba económicamente si lo salvaban del juego».

Cambiar el concepto

Yo creo que aquí se requieren unas medidas intelectuales; es decir, evitar que el deportista se convierta en mercancía y estar al lado del jugador, al lado del gladiador y hacer las pruebas médicas necesarias que aseguren que no juegue en condiciones de riesgo o precarias. En otras palabras, que no se le use como mercancía. Porque hoy día el polvo está debajo de la alfombra, pero en el pasado reciente era subterráneo. William Grahame jugó durante seis temporadas de *safety* (defensa) en los Detroit Lions, una posición donde el castigo corporal es duro. Fue uno de los jugadores que demandaron a la NFL: «Al principio de cada temporada nos hacían unas pruebas físicas más bien estructurales: huesos, pruebas musculares para detectar posibles lesiones, nunca nos hicieron resonancias cerebrales. Solo querían saber si podíamos correr, hacer los placajes necesarios, jugar». Imagino que su estado iría empeorando a medida que avanzaba la temporada. «No se prestaba atención necesaria a la cantidad de colisiones que recibíamos y a las consecuencias de tanto placaje. En mis tiempos todas las sesiones eran de *full contact,* distintas maneras de bloquear. Practicábamos durante horas. Yo, que peso noventa kilos, me enfrentaba a hombres de ciento treinta kilos que me bloqueaban, y os digo que esas batallas las perdía por las diferencias de tamaño. Y luego estaban los entrenamientos. Total, que si cuentas los golpes recibidos, estamos hablando de cientos de miles de golpes en cuerpo y cabeza». Llegó un punto en que después de un partido casi no podía valerse por sí mismo. Y los médicos del club se limitaban a darle analgésicos, a ponerle inyecciones contra el dolor que le permitieran seguir jugando.

Estos jugadores, a mi entender, eran objeto de una especie de chantaje moral, que yo entiendo muy bien porque lo he sufrido en mis carnes. En Inglaterra, en Semana Santa, se juega al fútbol el Viernes Santo, el sábado y el lunes. Yo un viernes me fracturé el cráneo, jugué el sábado y el lunes me caí al suelo. Ni me habían mandado al hospital. Los jugadores sabemos que las lesiones van con el sueldo, pero ¿hasta qué punto? ¿Somos conscientes del riesgo que corremos?

El deportista como mercancía

Así pues, como bien me dice John Carlin, yo he sido mercancía. Si Messi se lesiona ahora durante un año, seguramente caería el aforo del Camp Nou y eso repercute en las finanzas del club. Aunque, por otra parte, no sé hasta qué punto resulta un buen negocio tener a Messi en el campo antes de tiempo, porque puede acortar su carrera profesional. Es lo de «vísteme despacio que tengo prisa». «Son cálculos complicados», dice mi buen amigo John, «y supongo que la tensión entre los equipos médicos y los directivos del club debe de ser constante. Y luego está la cuestión de la salud a largo plazo de estos deportistas, las repercusiones una vez terminada su carrera profesional».

Solo hay que ver mi rodilla; estoy cojo perdido. Pero esto es lo normal, no soy un caso raro. Así pues, ¿nos estamos volviendo locos? ¿El problema es intelectual? Porque en mi caso, me duele la rodilla y no sé si al jugar con la rodilla así estoy corriendo algún riesgo, porque no soy médico. Y juegan con mi voluntad, me hacen un chantaje moral.

Rafa Nadal le dijo en una ocasión a John Carlin que «el deporte profesional no es bueno para la salud» porque el cuerpo se fuerza más allá de aquello para lo que está diseñado. La clave es dónde están los límites de la responsabilidad. Y cuanto más lo hablemos, más cerca estaremos de la solución.

Porque aquí, como en todo, hablando se entiende la gente.

19

Gimnasia de élite: de la perfección Comaneci a la magia del Circo del Sol

Cuando veo gimnasia por televisión, alucino. ¿Cómo pueden los gimnastas hacer esas cosas con sus cuerpos y además con tanta elegancia? Son chicas y chicos que desde muy jóvenes desafían sus anatomías y, en ocasiones, la gravedad; se diría que poseen partes del cuerpo de las que carecemos los demás. Pero no es así, lo que ocurre es que buscan la perfección y nos enseñan lo que el cuerpo es capaz de transmitir: nos demuestran que podemos ser bellos.

La perfección existe

Nunca olvidaré cuando, con 18 años, vi en la televisión a Nadia Comaneci compitiendo en los Juegos

Olímpicos de Montreal de 1976. Me enamoré de su perfección, y eso que no tenía a mi lado a Paloma del Río, la voz en España de la gimnasia, artística o rítmica, y del patinaje. Lo que ella desconozca de la gimnasia es que no merece la pena saberse. «Es muy difícil "saber" de gimnasia, aunque mi trabajo consista en explicársela a la gente», confiesa; lo cierto es que hasta realizó el curso necesario para ser juez en una competición porque «la gimnasia es muy peculiar, constantemente se renuevan sus reglamentos y existen tres distintos: para chicas, para chicos y el de la gimnasia rítmica», y, claro, ella necesitaba conocerlos todos. Todo lo contrario de lo que me sucede a mí, que no sé ni lo que es un penalti.

Para ser gimnasta es necesario comenzar pronto y tener unas determinadas características físicas. Hasta aquí lo tengo claro, pero no suponía que además «hay que ser valiente, no tener miedo», algo que Paloma me asegura es imprescindible, porque existen ejercicios «muy brutos»; por ejemplo, una gimnasta «que realice un triple salto, en la tercera voltereta ya no sabe dónde está». Es decir, no solo hace falta tener talento, sino un talante, un temple muy especial. Entre otras cosas, porque si eres bueno, a los 12 años te puedes encontrar solo, lejos de tu familia y de tu hogar, lo que supone un profundo desarraigo.

No sé cómo respondería si un hijo mío quisiera ser gimnasta, quiero decir, gimnasta de verdad. Es muy dura, muy disciplinada y un punto sádica la vida de un niño gimnasta. Esta dureza no reside solo en la reiteración de los entrenamientos, en la dieta estricta, en vivir como un monje cuando tienes 12 años. Pienso que lo más duro es mantener el ideal constante de la perfección. Y la perfección existe, la consiguen, puedo asegurarlo porque yo la vi en televisión en 1976: Nadia Comaneci ¡obtuvo dieces! Tenía 14 años.

Hay vida después de la competición

Después de conseguir la perfección, ¿qué puede hacerse? Esta pregunta solo puede responderla Nadia. «Hay que ir a alguna parte porque, por decirlo de alguna manera, la búsqueda de la perfección no tiene fin. Siempre habrá alguien que intente hacerlo mejor». Ahora Nadia Comaneci es una empresaria de éxito, pero «le debo todo a lo que aprendí haciendo deporte».

No puedo resistirme a la nostalgia. Cuando Nadia terminó el ejercicio en el marcador de puntuaciones no apareció un 10, sino un 1. ¡Los marcadores no estaban preparados para que nadie obtuviera esa puntuación! La Federación de Canadá lo juzgaba sencillamente imposible. Pero sucedió y «claro», disfruta Nadia recordando, «hubo que hacer marcadores nuevos».

Nadia fue feliz entonces y lo sigue siendo ahora. Su intuición, asegura, le ayudó en las decisiones difíciles, como cuando huyó de la Rumania comunista en 1989. Sigue sintiéndose orgullosa cuando contempla que algún gimnasta logra hacer el llamado «salto Comaneci», aunque lo cierto es que, aún hoy, muy pocos son capaces de ejecutarlo. Hay vida después del deporte de competición, sí.

Cambiar la pista por el escenario

Que las habilidades gimnásticas nutren otras actividades artísticas es algo de lo que no siempre nos damos cuenta. Pero sí, desde el *ballet* clásico a la coreografía más humilde de un club de barrio requieren dotes de gimnasta. Ahora existe un espectáculo global que embelesa a millones de personas, el fantástico Circo del Sol. Sus maravillosas coreografías, sus rutilantes vestuarios, las luces, la música, nos trasladan a mundos de fantasía y emoción que se ponen en pie gracias a que el 60 por ciento de sus artistas son... gimnastas.

El Circo del Sol ha cautivado a treinta y tres millones de espectadores desde que en 1977—un año después de que Nadia consiguiera sus siete puntuaciones de diez— viviera su primer gran éxito en Los Ángeles. Desde entonces ha ganado más de ciento cincuenta premios. Es gratificante saber, además, que a través de Cirque du Monde, un programa de acción social consistente en talleres circenses para jóvenes con dificultades, está devolviendo parte de lo recibido a quienes más lo necesitan.

El Circo del Sol emplea a más de cinco mil personas en todo el mundo, entre ellas a gimnastas españoles como Edesia (Edi) Moreno y Ortzi Acosta. Edi es en la actualidad coordinadora artística de eventos especiales en el Circo del Sol, en el que debutó «como artista» en 2002. Antes de eso formó parte del equipo olímpico español de gimnasia que compitió en Barcelona 92, aunque una desgraciada lesión le impidió participar. Es decir, fue una gimnasta de primerísimo nivel que conoce las diferencias entre la competición y la gimnasia aplicada al arte, al espectáculo. La diferencia es enorme: «Cuando practicas un deporte, te preparas durante mucho tiempo para una meta concreta y tienes unos jueces. En el circo el público es tu principal responsabilidad. Yo no cambiaría nunca mi etapa de gimnasta, pero estar en el escenario es como un sueño». Un sueño del que ya no quiere despertar.

El mundo de un gimnasta dedicado al espectáculo lo imagino como el de un niño al que encierran en el Toys R'us de su ciudad con libertad total para jugar. ¿Será así? Ortzi Acosta prácticamente lo ganó todo en gimnasia deportiva, es uno de nuestros grandes campeones. Pero la vida de un gimnasta es breve y mucho más aún si se producen lesiones importantes. Ortzi se retiró de la gimnasia por estar lesionado en ambas rodillas.

De Mesopotamia al Circo del Sol

Ortzi descubrió que en el mundo del espectáculo, en el circo y en el cine, también era examinado continuamente, pero que «pasas de ser evaluado por unos jueces con un reglamento a ser juzgado por el público, algo más gratificante, porque el público es muy caluroso». Además, el espectáculo te ofrece la posibilidad de enmendar un error, cosa que en la gimnasia de competición es imposible porque «es ahora o nunca. Yo siempre comparo la gimnasia con un penalti: estás tú solo y no hay vuelta atrás. No tienes cuarenta y cinco minutos para enmendar un error. En el espectáculo no tienes que hacer las acrobacias más complejas, sino lo que tú sepas controlar en diez espectáculos a la semana. Eso es lo que yo descubrí».

También descubrió que en el Circo del Sol el propio espectáculo es un entrenamiento cuando ya se tienen la fuerza y la acrobacia adquiridas en los duros años de iniciación a la gimnasia. Por eso Ortzi ha podido trabajar de especialista en muchas películas.

Dicen los antropólogos que las acrobacias, como partes de rituales y de bailes, tuvieron su origen en Mesopotamia, aunque los primeros acróbatas famosos fueron los chinos. En Grecia y en Roma eran una parte más del entrenamiento para la guerra. Eso es historia, vieja historia. Lo es también que Philip Astley fue el fundador del circo moderno allá por 1778 en su escuela de equitación londinense. Desde entonces hasta hoy, el asombroso arte del más difícil todavía no se ha dejado de practicar.

Y en su base, ya desde su origen, encontramos la modesta, exacta, exigente y maravillosa gimnasia.

20
Remontar las olas: un deporte casi místico

Se tiene constancia de la práctica del surf hace más de cinco siglos en las islas de la Polinesia, pues así lo constató el explorador James Cook —inglés, ¡cómo no!—, quien arribó a Hawái en 1778. En el antiguo Perú, las culturas prehispánicas trazaron sobre la roca escenas que muestran hombres remontando olas. ¿Querrá esto decir que el surf apareció en América del Sur cuando Adán no era más que un chaval? Bromas aparte, el surf es mucho más que un deporte, su práctica tiene algo de mística y, desde luego, comporta un verdadero estilo de vida. Creo que el surf enseña mucho a sus practicantes.

El camino es parte del reto

Los surfistas son ejemplares únicos. Harto de competir en los circuitos mundiales, un día Kepa Acero lo dejó todo y comenzó a vivir con un objetivo: disfrutar. Empezó haciendo el camino de Santiago con una bicicleta y una tabla de surf. Desde ahí, un gran salto: el proyecto Cinco olas, cinco continentes.

Con la ayuda de Google Earth ha cabalgado olas jamás antes surfeadas: por eso seguramente en 2013 la cadena de televisión Epic TV lo nombró aventurero del año. Pero además es tan majo que siempre lleva consigo una cámara para que podamos seguir sus andanzas. Por lo menos a mí me ha hecho pasar grandes ratos viendo sus vídeos en kepaacero.com. Lo que más me llama la atención es lo feliz que parece en soledad: «Viajar en solitario por el mundo ha sido un privilegio que me ha permitido encontrar gentes y culturas».

En solitario y con escasa documentación sobre sus objetivos: «Con una investigación muy básica. Busco en Google Earth sitios donde creo que puede haber buenas rompientes, cojo una mochila y me voy en busca de ellas».

Así ha surfeado hasta en el fin del mundo, en la Patagonia. En ocasiones llegar hasta las olas fue mayor aventura que surcarlas. Él dice que «el camino es parte del reto», y cuando lo dice me quedo con la última palabra: *reto*. Porque al ver los reportajes, a pesar de que Kepa aparece casi siempre solo, le sigo sintiendo como un competidor, con la actitud de un competidor. ¿Será así? ¿Compite consigo mismo? «Lo que hago ahora creo que tiene más que ver con lo que hace un montañista escalando una cima que con la competición entendida en el sentido tradicional. Cuando inicié esta etapa, estaba muy centrado en una sola cosa y quería conocer muchas más».

'My Fair Lady'

Vive siempre cerca de *Lady,* su tabla, su dama, con la que completó el reto Cinco olas, cinco continentes. Con ella también llegó hasta Alaska. Y lo cuenta como quien hubiera tomado el metro para visitar a su abuela: «Me saqué un billete y allí me encontré con un chileno que estaba cazando osos, juntos llegamos a unas islas de pescadores, a unas islas que él había localizado por Google Earth. Y allí, en mitad de la nada, me puse a buscar olas». Cuando veo cualquiera de sus reportajes, me acuerdo siempre de la película *Náufrago,* tal es la soledad y el desvalimiento que desprenden algunas de las imágenes. Hay algo extremo en esa soledad que Kepa, sin embargo, no busca: «A mí me gusta mucho viajar solo, no para estar solo, sino para encontrarme con gente, tener relaciones humanas. Al final de un viaje dejo una familia en cada sitio en el que he estado. Es parte de la experiencia. Además, con la cámara uno se siente acompañado, tiene la sensación de estar hablando con alguien». Como Tom Hanks con el coco al que llama *Wilson* en la película.

ALGO INEXPLICABLE

Siempre he pensado que el surf es mucho más que un deporte. Tiene algo místico, algo de abandono a la naturaleza, de dejarse llevar, de confiar hasta el final como en una fe indestructible. Mi peluquero es surfista y, como tal, tiene una mirada especial. Por eso me intrigó saber qué le enseña a Kepa Acero la naturaleza, pero la respuesta fue algo evasiva, en el fondo vino a decir que hay que vivirlo para entenderlo: «El surf tiene algo que nos empuja a mí y a otros como yo a hacer muchísimos kilómetros para vivir dos segundos dentro de una ola. Nosotros lo llamamos hacerse un tubo. No tiene explicación, es como lo del que escala una montaña para después bajarla. Una búsqueda de sensaciones muy fuertes».

Vivir como Kepa es una decisión extrema. Tanto como la de quien decide profesar en la orden cartuja. Su regreso a la naturaleza requiere todo el tiempo del mundo, paciencia y paz interior. Entre sus vídeos me llamó especialmente la atención uno rodado en Angola, en una costa desértica y solitaria. En él, Kepa es la viva imagen del hombre feliz, libre y desnudo sobre las olas. Juzgando desde el sofá en el que consumimos miles de imágenes enlatadas, es fácil tacharle de *pelín* exhibicionista. Pero... «Hice miles de kilómetros para encontrar aquella ola en medio del desierto, en la soledad total. Me desnudé porque no tenía sentido llevar un bañador». Así de sencillo.

Olas de cinco pisos, o la altura de un hombre

Los que entienden de surf dicen que Ibon Amatriain es una figura imprescindible en la historia de este deporte en España y el resto de Europa, una referencia en olas gigantes. Ha marcado el camino del *big wave surfing*, una disciplina dura y poco reconocida. Una ola de catorce metros en playa Gris, entre Zumaia y Guetaria, le valió ser el primer surfista europeo invitado a la prueba de olas gigantes (que deben tener siete metros y medio como mínimo) más selecta del mundo, en Hawái, el torneo Eddie Aikau.

Si con Kepa hablábamos de soledad y de serenidad, con Ibon tenemos que hablar de miedo. ¡Una ola de catorce metros equivale a la altura de un edificio de cinco pisos! Y meterse en el tubo generado por esa masa brutal de agua debe de dar bastante canguelo. «Sí, el miedo es un factor muy importante». Pero miedo ¿a qué exactamente? «A la sensación de angustia que te invade cuando una ola te atrapa y no te deja salir. Es lo más parecido a una aguadilla. Son pocos segundos sin aire, pero se hacen eternos. Luego, la violencia con la que esas olas tan grandes te sacuden dentro del agua te puede hacer perder el sentido de la orientación». Vamos, que hay que ser muy valiente y conocer muy bien cómo funcionan las olas. Ibon desde luego es experto: por eso en el ambiente del surf le llaman *Sensei,* que en japonés significa maestro en las artes marciales.

Uno de los surfistas que se considera discípulo de Ibon Amatriain («De él aprendí que hay que surfear bien olas tanto grandes como pequeñas») es Aritz Aramburu, único español dentro del circuito profesional de surf mundial. Está entre los treinta y cinco mejores del mundo. ¿Por qué habrá tan pocos europeos en la élite del surf? ¿Será una cuestión de oleaje o cultural? Según Aritz, lo segundo, «aunque ya empieza a haber una cantera de mucho nivel y poco a poco vamos teniendo escuelas y más infraestructura». De Aritz aprendí también que hay dos maneras de situarse sobre la tabla de surf: la *natural,* con el pie izquierdo delante, y la *goofy,* con el derecho delante. O sea, que aquí ser zurdo es la opción por defecto y no al revés. Interesante.

El surf en España y en el resto de Europa es un bebé comparado con su edad y desarrollo en países como Estados Unidos o Australia, por eso son tan dignos de admiración estos deportistas intrépidos que buscan incansables la ola perfecta. Mi deseo es que encuentren muchas.

21

Triquis, los héroes descalzos

Hay noticias que te conmueven al tiempo que te ponen de buen humor y te devuelven la fe en el género humano. A mí me pasó cuando supe de la existencia de los triquis, unos niños indígenas del estado mexicano de Oaxaca que juegan tan bien al baloncesto que su fama ha traspasado fronteras. En México son ídolos nacionales (han sido recibidos por el presidente). A todo esto, juegan descalzos. Con ayuda de un balón y un libro —y lo digo así, porque sin libro no hay balón; enseguida lo veremos— los triquis se están labrando un futuro mejor que el que tuvieron sus padres. Incluso es posible que puedan ir a la universidad. Y todo ello gracias al baloncesto. Un nuevo ejemplo del deporte usado por el bien de la humanidad. Con un balón en las manos, estos chicos se sienten libres. Libres para ser quienes desean ser.

Algunos datos sobre los triquis

Son un pueblo sometido desde los tiempos de la colonización española. Explotado económicamente, discriminado por su raza y excluido del bienestar social. Esos pobres «olvidados», que diría Luis Buñuel, son los triquis, una cultura milenaria que tiene su propia lengua y unas costumbres que nosotros estamos muy lejos de entender. Llevan décadas reclamando derechos e independencia. Cultivan maíz, frijoles, calabaza y chile, crían cerdos y gallinas y hoy su principal ingreso son las remesas, el dinero que envían los que han emigrado como jornaleros a los campos de Estados Unidos. Ahora a esa historia se ha sumado una imagen: la de un grupo de niños que juegan descalzos en una cancha de baloncesto. Dicha imagen ha dado la vuelta al mundo, pero lo que muchos desconocen es que estos chicos no solo juegan para ganar un partido. Juegan para ganar otra batalla más difícil, mucho más larga. Y el deporte, una vez más, es el camino para conseguirlo. Aspiran a una vida mejor, a becas de estudios. A progresar ellos y también su pueblo. Los triquis además van a contracorriente: no han elegido el deporte nacional mexicano, el fútbol, para librar esta guerra en la que han cambiado las balas por canastas.

Talentos naturales

El periodista Pablo de Llano fue el primero en acercarnos a la historia de los triquis. Oaxaca es uno de los estados más pobres de México, lindante con Chiapas. La tribu triqui vive en la sierra mixteca, montañosa y casi sin infraestructuras que la comunique con las ciudades. En el pueblo donde estos niños tienen la base de entrenamiento, que se llama Río Venado, no hay internet, no hay cobertura de móviles y muy pocas familias tienen televisor. Así que es imposible que sean seguidores por televisión de la NBA, y sin embargo juegan muy bien al baloncesto. Por tanto, como bien dice Pablo, «son talentos naturales». ¿Qué sería de los niños triquis sin el baloncesto? «Pues terminarían a duras penas unos estudios básicos y luego empezarían a trabajar en el campo. Algunos se casarían (previo pago de una dote) con una chica local o intentarían emigrar en busca de oportunidades». Ahora, en cambio, algunos de ellos tienen otra salida.

El hombre que ha hecho posible esto se llama Sergio Ramírez Zúñiga y es el entrenador de estos niños de entre 6 y 15 años. Su proyecto era enseñar a estos chavales de las montañas cómo, por medio de un balón y un libro, pueden encontrar un futuro. Quería «dar a los niños de la montaña las mismas oportunidades que puede tener un niño de ciudad. Y qué mejor herramienta que el deporte. Hoy estos niños nos han demostrado la grandeza que tiene un indígena para salir adelante».

El deporte como herramienta educativa, un concepto del que soy fan absoluto. Además, se trata de una educación integral. «Perseguimos también la estabilidad emocional, tratar los complejos del niño, que vea que todo lo que está en su mente se puede hacer realidad y darle ocasión de escoger sus propias metas». Eso sí, si no sacan buenas notas, los niños triquis no juegan. «Sí, el programa actúa como estímulo para que vuelvan a la escuela y además así acceden a becas para estudiar en ciudad de México». La educación como vía para acceder a una vida mejor. Ramírez Zúñiga considera «que para ser una persona capaz en la vida, la preparación académica es clave. Luego al viajar también ven otras formas de vida y les hace crecer. Estos niños no han tenido infancia, se hacen adultos a edad muy temprana».

Un libro y un balón: pasaportes al futuro

Los triquis se han convertido en un auténtico fenómeno mediático, el pueblo mexicano los adora. En un festival mundial de baloncesto celebrado en Córdoba, Argentina, en octubre de 2013 fueron campeones absolutos. A su regreso a México (era la primera vez que se subían a un avión) se les recibió como auténticos héroes.

Me cuenta Pablo de Llano que México es un país muy nacionalista y se enorgullece mucho de sus logros, pero al mismo tiempo «tiene una relación complicada con su población indígena. Por un lado, la margina y, por otro, la reivindica como algo propio y esencial. Así que el fenómeno triqui es una noticia esperanzadora dentro de los graves problemas que tiene el país. Una luz».

El proyecto empezó en 2009 con quinientos chavales y ahora rondan los dos mil quinientos. El camino no ha sido fácil, porque había que implicar a los padres y hacerles ver las bondades del programa. Sergio Ramírez Zúñiga recuerda cómo «al dirigirme a los padres con una pelota de *basket* y un libro, a comunidades donde la pobreza y el hambre son las principales preocupaciones, y decirles que son una salida, me respondían que estaba loco, que sus hijos tenían que trabajar en el campo y con los animales, que no les quitara tiempo. Me llevó tres meses convencerles de que el deporte podía ser una salida».

Después de ver jugar a los triquis, yo los imagino un poco como espíritus libres, aún no infectados por la táctica más pura.

Orgullo indígena

Parece contradictorio que, por un lado, se discrimine a los indígenas y, por otro, cuando hay buenas noticias, los reciba el presidente. ¿En qué quedamos? ¿No hay algo irónico en todo esto?

En los primeros viajes, Ramírez Zúñiga «advertía a los niños de que iban a encontrarse con personas que les iban a insultar, a menospreciar, a marginar y que no hicieran caso. Que esas palabras tenían que motivarles más a demostrar que estaban equivocados. Les llamaban "frijolitos", "indios". Ahora, en cambio, los niños saben perfectamente quiénes son y se identifican con su cultura. Además, México está más interesado en sus etnias, y podemos adjudicarnos parte del mérito». En un país donde a menudo la palabra «indígena» es sinónimo de vergüenza, de rechazo, pensar que un indígena podía ser un ejemplo, que podía triunfar, era impensable. «El éxito de los triquis ayuda a que nosotros, los mexicanos en las grandes ciudades, nos identifiquemos con nuestras raíces, nuestra alma. Fue difícil sacarlos de la sombra pero aquí está la muestra y hoy son fuente de inspiración».

No quieren zapatillas

¿Se imaginan jugar descalzo al baloncesto? Yo no, desde luego. Claro que, por un lado, tal como me explicó Pablo de Llano, para los niños triquis es algo natural: «Viven descalzos, en sus pueblos los caminos son de tierra, no están asfaltados». Por otro, «es que no tienen dinero para zapatillas. Pero también es una cultura, una forma de crecer». Cuando fueron a Orlando invitados a un torneo (lo que también supuso toda una experiencia para los niños, que no habían estado nunca en una gran ciudad, y mucho menos estadounidense), el comité que organizaba la competición les obligó a jugar los cuatro primeros partidos con zapatillas, porque su reglamento no contemplaba jugar descalzos. El resultado fue que perdieron los cuatro primeros partidos. «Al quinto, como no tenían nada que hacer en el campeonato, les dejaron jugar descalzos y jugaron bastante mejor e impresionaron a los gringos. Las zapatillas les lastimaban los pies y ahora tenemos un permiso especial para jugar descalzos en toda Latinoamérica», cuenta Ramírez Zúñiga.

Parece que el apoyo prometido por el presidente ha empezado ya a plasmarse en forma de becas de estudios y otras subvenciones. Para Ramírez Zúñiga: «No es suficiente, pero es un principio, una prueba de que el programa funciona y un acicate para seguir trabajando duro». Se trata, además, de un proyecto joven (cinco años) y con vocación de continuidad, cuyo objetivo final es que los niños puedan viajar y salir de la sierra, ir a Oaxaca capital a educarse. Sobre todo es una vía de desarrollo. Luego, claro está, si hay algún niño que llega a jugar en ligas profesionales, pues miel sobre hojuelas. ¿Serán los triquis dentro de diez años la nueva franquicia de la NBA?, ¿los mini-Messis del baloncesto?

Para los que amamos el deporte resulta muy gratificante verlo reflejado en un bien social. Ojalá cunda el ejemplo.

22

De maratones y hombres o el atletismo popular

Cuando hablamos de maratón, automáticamente nos viene a la cabeza el nombre de Martín Fiz, gran pionero de esta disciplina. Martín es al maratón lo que fue Manolo Santana al tenis, Ángel Nieto a las motos o Severiano Ballesteros al golf: el gran precursor, un campeón mundial que hoy usa el maratón como herramienta de inclusión social. Y no es el único. Las carreras solidarias en apoyo de causas diversas son un fenómeno cada vez más extendido y digno de admiración. Las protagonizan personas que viven con los pies en la tierra y el corazón en permanente vuelo. Así son estos héroes —algunos anónimos— que han puesto a hacer *running* a un país que hasta hace poco solo sabía correr detrás de una pelota o delante de un toro.

MARTÍN FIZ: ALMA DE MARATÓN

El sabio en atletismo José Luis López define a Martín Fiz como «un atleta a quien un día, hace muchos años, enseñaron que si no crees en tu propia victoria empiezas a no merecértela. En un momento en que en España teníamos grandes medio fondistas, pero no se nos ocurría aspirar a los cuarenta y dos kilómetros, él se atrevió a dar el salto al largo fondo».

Grabada está ya en la memoria del atletismo español esa imagen histórica de Martín Fiz, Diego García y Alberto Juzdado, oro, plata y bronce —sota, caballo y rey—, respectivamente, en el campeonato europeo de Helsinki en 1994 abrazados en la meta. A partir de ahí Martín se mantuvo siempre entre los primeros, entre los mejores del mundo, ganando incluso a los africanos cuando estos parecían invencibles. Martín Fiz es un «revolucionario del deporte popular que además sigue corriendo. Morirá con las botas puestas y transmitiendo su sencillez, su humildad, sus ganas a tantos y tantos atletas».

CUESTIÓN DE EQUILIBRIO

En estas pruebas de larga distancia, imagino yo que el corredor pasa por estados de ánimo muy diversos y muy duros también. ¿A qué le concede más importancia Martín Fiz? ¿A las piernas, a la respiración o a la cabeza? «Hace falta una balanza equilibrada, pero el factor mental pesa un poco más. Si te falla la cabeza, si tienes una distracción, eso repercute en el rendimiento físico». Por tanto, la cabeza fría siempre. Y en estado de alerta: «A lo largo de cuarenta y dos kilómetros pasas por todos los estados de ánimo, por todas las sensaciones. En un momento te parece que vas a ganar y al siguiente tienes un percance, o te entran el hambre, el sueño, el cansancio... Hay que estudiar a tu rival y, cuando llega el momento de cambiar el ritmo, aprovecharlo».

Al año siguiente del triplete antológico en Helsinki, Martín Fiz se proclamó campeón del mundo en Gotemburgo. A cualquiera que vea ese momento en imágenes se le pone la carne de gallina. Y para Martín ¿fue tal y como lo imaginaba? «Fue mejor, pero la victoria se saborea no en los cien últimos metros, sino después, solo ya en casa. Cuando piensas: ¡Soy campeón del mundo! Cuesta asimilar un logro tan importante». Un logro que a Martín no se le ha subido a la cabeza en ningún momento. Creció en una familia de agricultores de Salamanca y sus padres le enseñaron unos valores de sacrificio y sufrimiento que luego ha plasmado en el asfalto. Un verdadero privilegio, tener unos padres que te transmitan valores y, por lo que estamos viendo en este libro, denominador común a muchos grandes deportistas. *Correr te hace libre* es el nombre de un programa de reinserción de presos jóvenes con el que está comprometido Martín. Lo forman reclusos de Alcalá Meco, muchos de ellos exdrogadictos, que corren diariamente para elevar la autoestima y tener más fácil la inserción una vez salen del centro penitenciario. Martín trabaja con ellos compartiendo los valores que sus padres le inculcaron desde pequeño y también las lecciones de vida que ha aprendido en su larga carrera como campeón deportivo. Admirable.

Chema Martínez, el hombre cuidadoso

Admirable también es Chema Martínez, otro gran fondista español que, como Martín, ha dejado ya la competición profesional. A sus 42 años ha corrido más de ciento cincuenta mil kilómetros, una media de nueve mil al año (¡más que algunos coches!) y encima es un ejemplo de modestia: «Con todo lo que llevo encima en las piernas, en el cuerpo, soy consciente de estar empezando una nueva etapa en la que seguiré corriendo porque es lo que me hace feliz, pero en la que el momento de pelear con los mejores ha pasado. Ahora me contento con ser uno de los miles de aficionados que cada día se enfrentan al reto que ellos mismos se fijan. Dar el cien por cien en cada aventura que emprendo».

Chema se ha cuidado mucho. Cuando le conocí, afirmó vigilar la alimentación y llevar diez años sin probar una gota de alcohol. Sin embargo, se disponía a iniciar una nueva fase en la que no tendría que ser «tan meticuloso». Tras mi retirada del fútbol, decidí probar todo lo que había tenido prohibido hasta entonces: trasnochar, comer, beber destilados, fumar... todo. Desde entonces me ha dado tiempo a beber, a dejar de beber, a comer y a dejar de comer. Pero lo que no he conseguido es dejar de fumar. Así que mi consejo a Chema fue: «No fumes». Ah, y lo del alcohol está sobrestimado. Estando sereno es cuando te das cuenta si de verdad eres feliz o no.

Maratón del Sáhara: cuando ganar es lo de menos

Desde hace varios años se celebra un maratón en el Sáhara al que acuden atletas de todo el mundo, principalmente para dar a conocer la diabólica situación en que viven los saharauis —el conflicto más antiguo sin resolver sobre la mesa de Naciones Unidas después del palestino—y ante la cual, desde hace ya más de cuatro décadas, los políticos miran para otro lado. Frente a esta actitud pasiva, buenas gentes con zapatillas hacen algo al respecto.

Nicolás Castellanos lo ha vivido de primera mano: «En los campamentos se organizan iniciativas destinadas a captar la atención internacional. Está el festival de cine, ya de gran tradición, hay un festival de música, hay visitas permanentes. En el Sáhara siguen con mucha atención la liga española, el carrusel deportivo... Por eso el mundo del deporte siempre ha querido echar una mano a los saharauis. El maratón solidario es un símbolo más de ese apoyo, de esa campaña de visibilización».

Diego Muñoz es uno de los organizadores. ¿Es una carrera en la que alguien realmente quiere ganar o es un homenaje al problema del Sáhara? «Es la prueba deportiva en que la competición en sí menos importa. Los participantes se entrenan mucho, pero una vez allí solo piensan en llegar a la meta. Yo he visto a gente arrastrarse para terminar porque piensan: "más sufren los refugiados"».

Cualquiera puede participar, porque hay muchas modalidades de distancia. «No queríamos que fuera una prueba para superatletas que llegaran allí a lucirse, sino para todo el mundo. También ayuda a promover el deporte entre los saharauis. La inscripción cuesta novecientos euros, de los cuales doscientos se destinan al desarrollo de proyectos deportivos».

Nada nuevo bajo el sol

Ningún país ha sido gentil con esta gente abandonada a su suerte, que vive en un clima adverso con temperaturas extremas, en Tinduf, al sureste de Argelia, región fronteriza con el Sáhara Occidental, Marruecos y Mali, donde están estos campamentos desde 1976. Para buscar el origen del problema, dice Castellanos, «habría que remontarse a 1885, a la Conferencia de Berlín, en que las grandes potencias se repartieron África. A España le tocaron Sáhara Occidental y parte del protectorado marroquí». También nos hace una breve cronología del conflicto: «En torno a 1960, la ONU dijo que todos los pueblos tenían el derecho a la autodeterminación; en 1973 se crea el Frente Polisario como representante del pueblo saharaui, que reclama la independencia; en 1975 se celebra la famosa Marcha Verde, en la que más de trescientos mil marroquíes ocupan parte del Sáhara Occidental por orden del rey de Marruecos y, por fin, en 1976, estalla la guerra entre el Sáhara Occidental, Marruecos y Mauritania. Se llega al alto el fuego en 1991 al prometer un referéndum de autodeterminación a los saharauis. A día de hoy, aún no han votado. Ni España, que sigue siendo la principal potencia colonizadora y administradora de los recursos, ni Francia, que protege los derechos de Marruecos, ni Marruecos, que se dedica a explotar los recursos del Sáhara (es la segunda reserva de fosfatos más importante del mundo y uno de los bancos pesqueros más rico del planeta, además de objeto de importantes prospecciones petrolíferas), parecen tener interés por desbloquear esta situación que, más allá de la política, padecen más de cuatrocientos mil saharauis». El problema, como tantas veces, es económico.

Nada nuevo bajo el sol, por tanto. O sí. Porque iniciativas como la de este maratón impiden que el pueblo saharaui y su situación caigan en el olvido. Txema Negro, Juanma Cabrera y Patxi Aguado tienen, por lo menos, tres cosas en común. Los tres trabajan en el transporte ferroviario, a los tres les encanta el deporte y todos ellos tienen espíritu solidario. Pertenecientes a Ferroviarios Vascos Sin Fronteras o Euskaltrenbideetako Langileak Mugarik Gabe (una asociación de trabajadores del ferrocarril vascos sensibles al conflicto del Sáhara que emprende iniciativas de ayuda), no se contentan con organizar y enviar caravanas de alimentos a los campamentos de refugiados, también participaron en el maratón de 2014. Fue, dicen, una de las mejores experiencias de su vida.

Así pues, correr no tanto para llegar como para, por el camino, difundir, apoyar y reivindicar. Hermosas razones, qué duda cabe.

23

El forofo o el fútbol como enfermedad incurable

De la vida me fascina prácticamente todo, pero he de confesar que hay un personaje que me tiene intrigado. Puede ser un vecino, un personaje público de mucho calado, un político o un cura, alguien exquisito o un tipo racional y razonable. Puede ser nuestro mejor amigo, nuestra pareja o nuestro padre. Sin embargo, en el momento en que la conversación derive hacia el fútbol, esa persona pierde el sentido común, es incapaz de entrar en razón, hay algo que se lo impide. Es una cuestión de colores. Estamos ante el forofo. Parece que no hay antídoto para esta patología, las farmacias no venden las pastillas necesarias y, en la mayoría de los casos, es una enfermedad incurable.

El periodismo 'forofo'

Tampoco los periodistas y comentaristas deportivos son inmunes a la enfermedad del «forofismo». En la SER tenemos a Tomás Roncero y Jordi Martí. Ambos dicen practicar el periodismo con «espíritu crítico y honestidad». A cada uno «le perdió» para la causa del forofismo una razón diferente. Pero ¡ojo! Les pierden los colores, no los futbolistas, porque cuando un jugador del equipo rival viste la camiseta nacional se acabaron las críticas. España les puede.

Pero del forofismo participan también otros actores. Son los que yo llamaría «forofos oportunistas». Sin ir más lejos, yo mismo y mi jefe en Canal Plus, Carlos Martínez. Somos culés en Madrid, madridistas en Barcelona y, si estamos en Valencia, vamos con el equipo mejor clasificado. Carlos piensa que el forofismo está marcado por un cambio en los periodistas: «Parte del periodismo ha decidido lo que Tomás Roncero llama "salir del armario"; es decir, explicar su oficio desde debajo de una camiseta. Yo creo que este viejo oficio tiene una regla básica, la honestidad, y me parece que es capital ser honesto con el público. El problema es que cierto sector de la profesión es deshonesto porque está intentando extender la idea de que los que no hablan desde debajo de una camiseta es porque la ocultan. A eso me niego. No hace falta ser forofo para hacer crónica futbolística».

Volvamos a lo básico, ¿qué pasa con el odio al rival? Para ser culé, ¿es necesario odiar al Real Madrid? Jordi Martí lo tiene claro: rivalidad extrema. Tan extrema que a muchos nos resulta desagradable, molesta..., peligrosa. El término «rival» se sustituye con demasiada facilidad por el de «enemigo». Personalmente, recuerdo una anécdota no tan graciosa como podría parecer a simple vista. Cuando estaba Fabio Capello en el Real Madrid, entré a tomar un café en mi gasolinera de siempre y un tipo me dijo: «Oye, Robinson, ¡a ver cuándo hablas bien del Madrid!». Yo le contesté que hablaría bien del Madrid cuando el juego del Madrid me dejara hacerlo y el hombre me reconoció: «Sí, la verdad es que no estamos jugando bien». Lo que le fastidiaba era que yo dijera en público que el Madrid no jugaba bien. Es decir, que yo puedo decir que mi mujer es fea, pero ¡usted no se atreva! Lo que pretendían de mí era que fuera deshonesto, que no dijera la verdad.

De ahí la importancia de la honestidad. Dice Jordi Martí que un periódico deportivo puede posicionarse como barcelonista o como madridista igual que uno de información general es liberal o conservador, y que no pasa nada: «Yo creo que esto es lo que hay que hacer, siempre que se haga con honestidad y no se renuncie al espíritu crítico. Yo además hago una diferencia entre periodismo de bufanda y periodismo de club. En el de bufanda se puede ser crítico con el club y en el periodismo de club se es básicamente un órgano de propaganda».

El prestigio intelectual del fútbol

Me interesan los tópicos del forofismo porque muchos son ciertos. Por ejemplo, ¿acusa la familia la derrota de un forofo? ¿Se hace más y mejor el amor si tu equipo ha ganado? Jordi Martí recuerda siempre algo que le dijo Samaranch cuando el Barcelona ganó la Copa de Europa en 1992. Estaba convencido de que las olimpiadas serían un éxito porque el Barcelona había insuflado grandes ánimos en la gente. El impacto del fútbol en un colectivo es altísimo. Hasta el punto de que el gol de Iniesta al Chelsea en el minuto noventa y tres de la semifinal de la Champions League de 2009... produjo que a los nueve meses aumentara la natalidad en Barcelona. Es curioso esto de la felicidad balompédico-conyugal.

Los poetas deben conocer las emociones. Luis García Montero ha ganado numerosos premios de poesía, es un forofo del fútbol y uno de nuestros escritores más leídos. Tiene doble militancia: como granadino, apoya al Granada, pero sobre todo es del Real Madrid. Me interesa que alguien que conoce las emociones me cuente por qué perdemos los papeles cuando hablamos de fútbol. Para García Montero, ahí radican «el peligro y también la virtud del fútbol. El fútbol se parece poco a una de esas pruebas olímpicas que se ven a las tres de la mañana en la televisión, como el tiro con arco, donde uno permanece muy frío. El fútbol toca nuestros sentimientos, atiende un poco a nuestra identidad y en ese sentido pone en marcha muchas emociones. Yo creo que, sin perder los papeles, hay que aceptar que el fútbol no se vea con objetividad. Creo que esa falta de objetividad es buena para la grandeza del fútbol, siempre que no se pierdan los papeles».

Sí, pero se pierden. Porque hay un punto de irracionalidad en todo esto: «A mí me gusta que mi equipo gane si juega bien. Pero si no juega bien, también me gusta que gane. Mentiría si dijera lo contrario. A los que nos gusta el fútbol nos importa mucho el resultado. A un forofo hay que reconocerle el derecho a estar contento si su equipo ha ganado aunque no haya jugado bien».

Curiosamente, Luis que es escritor y profesor de literatura en la Universidad de Granada, una persona responsable, es más optimista que yo respecto al forofo: «El desprestigio intelectual del fútbol ha quedado en el pasado. Recuerdo que hace años había que dar explicaciones y hablar del poema que Rafael Alberti escribió al portero del Barcelona, el húngaro Platko, del de Miguel Hernández al del Orihuela o recordar que Bertolt Brecht identificaba el teatro revolucionario con un campo de fútbol para cargarte de razones intelectuales. Ahora los aficionados podemos simplemente defender que nos gusta el fútbol y que no se puede ir de intelectual por la vida sin reconocer un fenómeno que afecta la realidad de una manera tan clara y desmesurada. Así que intento no perder los papeles».

La dopamina bien entendida empieza por uno mismo

Eduardo Punset es, aparte de un gran sabio, una referencia, una garantía de reflexión sosegada y profunda. Por eso nos interesa lo que opina sobre el forofo, también porque en el fondo todos somos forofos de algo. Al profesor Punset el asunto le interesa desde hace tiempo: «Sí, desde hace treinta o cuarenta años. Iba a una entrevista en la radio, por ejemplo, y veía gran cantidad de jóvenes en la puerta que llevaban toda la noche esperando para ver a su ídolo. Yo preguntaba por qué y resulta que las razones que me daba la gente no coincidían con las que me daba la ciencia, hasta que descubrí que el motivo era más sencillo: estas personas creían que así iban a conocer el secreto del éxito. Por eso esperaban toda la noche: para saber un poquito más de cómo se consigue el éxito. Y era un proceso inconsciente».

Según Punset: «Todo esto de los hinchas del fútbol nos recuerda que la historia humana empieza con la manada, que fue anterior al desarrollo del individuo. La empatía no aparece en el ser humano hasta los últimos cien mil años. Para mí, básicamente, un forofo es un partidario entusiasta de pertenecer a una manada. Lo que se desarrolla en el forofo es la empatía, que se produce gracias a la dopamina, una molécula de excitación que proporciona al organismo un placer enorme. A veces este placer se transforma en rabia contenida o sin contener, en sufrimiento. Pero ser forofo tiene que ver con ponerte en el lugar de la persona que idolatras.

»En un partido de fútbol puede haber un 2 por ciento de personas capaces de cometer actos violentos. Pero el 98 por ciento lo está pasando en grande. El forofo no es violento *per se*. La dopamina se segrega cuando estás bien. A veces, por las condiciones externas se produce una violencia inaudita, pero eso no es lo que caracteriza al forofo.

»La gente se mueve por las emociones, por la intuición y, en muchísima menor medida, por la razón».

Esto es el amor

Mario Vargas Llosa afirma que el fútbol es la religión laica de nuestro tiempo, que convoca una manifestación irracional colectiva, que desata pasiones y fanatismos, una irracionalidad a flor de piel que a la corta o a la larga genera violencia: «Un deporte que es apasionante, a mí me apasiona desde niño pero al mismo tiempo genera actitudes de desfogue inimaginables», dice el nobel de literatura peruano. El fútbol, por tanto, desata en nosotros actitudes que ni siquiera conocíamos. Punset lo explica muy bien: «No las conocíamos, porque no las razonamos. El forofo no esconde nada, no esconde su idolatría hacia una persona. Lo de los estados racionales es una invención moderna, de hace siglo y medio como máximo. Normalmente, la gente hacía lo que sentía y eso no siempre coincidía con la razón».

Y el razonable, sabio y atentísimo Eduardo Punset, ¿será forofo?:

«Sí, del Nàstic de Tarragona, donde hice parte del bachillerato. Es el único equipo que llevo en el corazón. Me gusta que gane siempre. Esto es el amor. Pedirle a una enamorada que nos explique los defectos de su gran amor es imposible. Pues esto es igual».

De estos apasionados diálogos extraigo varias conclusiones. La principal: no es malo ser forofo si se es con honestidad y se defienden sentimientos, no razones. Y si no que se lo digan a Joan Gaspar, que cuando en 2011 el Barça jugó la final de la Champions contra el Manchester United en Wembley, acabó bañándose en el Támesis para cumplir la promesa que había hecho si ganaban. En el sucio y frío Támesis...

Eso es amor y lo demás son tonterías.

24

Viaje al centro de la Tierra: el deporte más allá del deporte

El deporte —a estas alturas del libro ya lo sabemos— sirve para muchas cosas en la vida. No solo es fuente de placer, mera distracción, no solo es el opio de las masas. También es tremendamente educativo. Nos pone en nuestro sitio y nos desvela quiénes somos. El deporte ha servido para sellar la paz entre enemigos, para unificar pueblos divididos. Porque es un idioma común, nos inspira y nos hace soñar. Hay un hombre cuyos sueños le han llevado a descubrir lugares desconocidos para el ser humano. Además de hallar diez especies animales nuevas. Encarna el deporte que se alía con la ciencia para enseñarnos más sobre el planeta Tierra.

La espeleología: cuando la ciencia se hace deporte

Todo lo que imaginó Julio Verne en sus novelas acabó sucediendo décadas o siglos después. Fantaseó con llegar a la Luna, con un tren que recorría París bajo tierra e incluso, en 1863, habló de un sistema de comunicación automático y secreto. También nos llevó al centro de la Tierra, un viaje de más de seis mil kilómetros que aún no hemos hecho y probablemente no haremos jamás. Aunque no por falta de ganas: la exploración y el estudio de las cavidades subterráneas atrapa la atención de muchos desde finales del siglo XIX. Ese mundo remoto, aunque lo estemos pisando, primero despertó un interés científico: las cuevas contienen información de cientos de miles de años. El tesoro de Atapuerca estaba oculto en una cueva, en la llamada Sima de los Huesos se extrajo el ADN humano más antiguo de la historia: cuatrocientos mil años. En la cueva más profunda del mundo que se conoce, la sima Krúbera-Voronya, se ha encontrado vida: animales invertebrados como escarabajos y ciempiés. Lo que empezó como búsqueda científica ha derivado en un deporte extremo para el que hacen falta técnicas de escalada y una muy buena preparación física y mental. La ausencia de luz natural, el miedo a lo desconocido, el aislamiento, un medio hostil, todo se aúna en un entorno donde se pierden las referencias temporales y espaciales. Por eso es tan importante ir en compañía. Y saber reaccionar ante complicaciones. La espeleología moderna nació en Francia a finales del siglo XIX. Hoy en España son más de cinco mil personas quienes practican este deporte. Muchas de las posibilidades del mundo que se abre hacia el interior de la tierra aún están por descubrir. Lo que empieza a ser más conocido es la belleza de esas cuevas, simas, grutas y laberínticas cavidades que se esconden en el vientre de nuestro planeta.

La cueva más profunda del mundo

Sergio García-Dils es digno de admiración. Es miembro del equipo hispano-ruso de espeleólogos Cavex y ha recibido la orden real al mérito deportivo del Consejo Nacional de Deportes en dos ocasiones. Pero la palabra «deportista» no lo describe por completo, porque también es arqueólogo, científico, profesor... Él se define con una única palabra: *explorador.* «Siempre me ha interesado la exploración arqueológica, geográfica. Y en esta última hay pocas opciones de la superficie de la tierra, así que la opción lógica es explorar los últimos rincones del planeta, es decir, las cuevas». Por eso, al plantearle mi duda de si ha batido cinco veces el récord del mundo de profundidad como deportista o como científico, admite que se trata de una duda lógica. «Muchas veces se asocia la espeleología al deporte de riesgo, pero yo lo hago como exploración geográfica que tiene mucho de aventura, y también mucho de deporte, porque requiere entrenamiento, pero cuyos resultados son de interés científico».

Su vertiginoso récord de descenso es, atención, dos mil ciento noventa y siete metros. Y no contento con eso, por el camino descubrió diez especies animales que en el «imperio» no sabíamos que existían. Ha sido uno de los resultados más apasionantes de sus expediciones. Hace cinco años su equipo se planteó no solo explorar la sima Krúbera-Voronya, en el macizo de Arábika en el Cáucaso, de la República de Abkhazia, Georgia, de más de dos kilómetros de profundidad, sino estudiar también sus formas de vida y más de diez especies nuevas para la ciencia, «un ecosistema subterráneo, toda una comunidad de invertebrados que, por supuesto, es la más profunda del mundo».

Miedo sano y autosuficiencia

Solo pensar en descender dos kilómetros por las entrañas de la Tierra me da *yuyu*. Lo cierto es que yo soy un poco claustrofóbico, pero es que estas personas bajan por un agujero sin saber ni adónde llega ni lo que se van a encontrar. ¿No sienten miedo? García-Dils afirma que el miedo «es la esencia de la espeleología y algo muy sano. Gracias al miedo sigo vivo». Porque además, en este caso, el equipo que formaba la expedición tenía que ser por completo autosuficiente. Por ello tienen formación de rescate en cuevas, material específico, equipo sanitario, etcétera.

La sima del Cáucaso, por la que descendieron él y su equipo, es por el momento la más profunda del mundo. Pero ¿puede haber otras más profundas todavía? Estamos viviendo un periodo de gran actividad sísmica y, en mi ignorancia, yo no sabía si eso podía dar lugar a la creación de nuevas simas. «Las cuevas da la sensación de que son el resultado de grandes cataclismos, pero su proceso de formación es mucho más lento y delicado: por disolución química, el agua que pasa miles de años por el mismo sitio. Hay a veces reajustes tectónicos y una galería colapsa y se forma una gran sala. Cuando mi equipo empezó a trabajar en Krúbera-Voronya, la sima más profunda del mundo estaba en los Alpes franceses y tenía solo mil seiscientos metros. Así que no se sospechaba que hubiera cuevas de más de dos kilómetros. Hemos buscado en el Cáucaso, Eslovenia, Creta, Turquía y de momento la más profunda es esta, pero en el futuro habrá otras, seguro».

'Keep calm and carry on'

En agosto de 2013 el siempre intrépido Jesús Calleja se unió a Cavex en una expedición a la sima Krúbera-Voronya que, gracias a un despliegue técnico sin precedentes, los españoles pudimos ver por televisión. Hubo momentos de verdadera angustia cuando las tormentas torrenciales exteriores anegaron las cuevas. De hecho, el equipo permaneció atrapado durante nueve días a mil seiscientos treinta y siete metros de profundidad. ¡Con razón afirmaba Jesús que se trataba del más peligroso reto al que se había enfrentado jamás! Sergio, sin embargo, se mostró en todo momento muy tranquilo, casi zen. «Nuestro equipo lleva haciendo espeleología desde pequeños y mi padre también era espeleólogo, así que estoy acostumbrado a pasar muchos días seguidos bajo tierra». Como los topos. Pero «bajo tierra es fundamental estar tranquilo y más si las condiciones son extremas». Y en este caso lo eran. Pero ante situaciones que a nosotros, mortales comunes, nos parecen absolutamente estresantes (¡como pasar un mes entero sin ver la luz del sol!) y que imaginamos deberían propiciar un *subidón* de adrenalina importante, espeleólogos tan curtidos como García-Dils saben que la clave está en no perder la calma. Así fue, y la expedición se completó con éxito, algo que llevó a Jesús Calleja a afirmar: «La prudencia y la paciencia salvan vidas».

Basta con pensar en Sergio García-Dils, este andaluz tranquilo, casi budista. Un Indiana Jones budista. Tremendo.

25

Proyecto Alcatraz: de villanos a caballeros

Más de una vez hemos hablado de las virtudes del deporte en nuestra sociedad y de quienes lo utilizan en vano. Sin embargo, en manos de gente decente puede cambiar la vida de muchas personas. Más que decente es Alberto Vollmer, un empresario venezolano que, con ayuda del rugby, está cambiando la vida de cientos de personas y, de paso, erradicando la delincuencia que padecían miles de vecinos. Hablo de Proyecto Alcatraz. Suena a título de película, pero son hechos reales.

El milagro del rugby o cómo empezó todo

«El milagro del rugby: historia de reconciliación en Venezuela» es el título de un reportaje de Pablo Guimón. Una historia entrañable que nos cuenta él en persona: «La hacienda Santa Teresa, donde se fabrica el ron del mismo nombre, está en el estado de Aragua, a dos horas en coche de Caracas, en el municipio de Revenga. Está rodeada de unos cerros (la versión venezolana de las favelas) controlados por bandas juveniles, delincuencia. Esta situación de convivencia imposible ha dado lugar al Proyecto Alcatraz».

Alberto Vollmer es el dueño de la hacienda y un día se encontró con que unos muchachos de una banda habían invadido el lugar. «Tres chavales de la banda de la Placita que asaltaron a un guarda de seguridad y le robaron las armas. Lo primero que hizo Vollmer fue encargar a su jefe de seguridad, Jimin Pérez, un tipo curioso, expolicía, que localizara a los chicos y los entregara a la policía. Así lo hizo con uno de ellos, pero Pérez vio determinadas señales que le hicieron sospechar. Decidió seguir a los agentes hasta la montaña y vio cómo bajaban al chico del coche para ejecutarlo. Entonces intervino. Negoció con los policías y consiguió que lo pusieran en libertad». De vuelta en la hacienda, Vollmer le pidió a Jimin que le quitase las esposas para poder tener con él «una conversación de caballeros». El patrón se interesó por los argumentos del asaltante y le expuso los suyos. Le dijo: «Tengo dos opciones. Una es la legal, la que quisimos aplicar antes. Y la otra es más creativa: te ofrezco trabajar tres meses en la hacienda para pagar tu culpa a cambio de comida y alojamiento».

El joven aceptó la solución «creativa» y empezó a trabajar en la finca. A los pocos días Jimin capturó al segundo asaltante, que resultó ser el jefe de la banda. Alberto le ofreció idéntico trato y aceptó.

«Al cabo de un tiempo le preguntaron a Vollmer si podían ir más compañeros. Y se presentaron veintidós, la banda completa. Vollmer es un apasionado del rugby y cree mucho en sus valores. Empezó a entrenar con ellos. Pero a los chicos les preocupaba que una banda rival fuera a atacarlos y Vollmer consiguió integrarla también en la hacienda». El resultado lo explica muy gráficamente José Gregorio, uno de los asaltantes iniciales y hoy entrenador de los chicos: «Antes nos veían con pistolas y los niños jugaban con pistolas. Ahora nos ven con balones de rugby y juegan con balones».

El hombre que lo cambió todo

Don Alberto Vollmer, empresario de éxito venezolano, siempre ha sido un heterodoxo. En 2003 tomó una decisión que ha cambiado la vida de mucha gente, un gesto no solo solidario, sino que también requirió de mucha diplomacia. Lo que yo llamaría un malabarismo diplomático. Tal y como él lo ve: «La clave estuvo en entender cuáles eran los intereses de fondo de estos muchachos que, al establecer con ellos un contacto más cercano, nos dimos cuenta de que eran los mismos de todo el mundo: dignidad, un futuro. La esperanza de vida de estos chicos está entre los 17 y los 23 años. Nos dimos cuenta de que su interés fundamental era vivir. Nosotros les ofrecimos esa oportunidad pero con una serie de condiciones que tenían que ver con responsabilidad, respeto, transparencia, mérito y sobre todo humildad, ese valor que te hace crecer y aprender».

Claro, porque a un joven ir a la cárcel, ¿qué le aporta? No es más que un nido de delincuencia aún mayor, como una universidad de la delincuencia, algo que llaman «una franquicia criminal». Los datos son escalofriantes: más de medio millar de presos han sido asesinados en las cárceles de Venezuela según la ONG Observatorio Venezolano de prisiones. La cárcel de máxima seguridad de Tocorón, en el estado de Aragua, es una de las más duras; dicta las leyes el preso líder, al que todos temen y todo tiene un precio: la comida, el agua, respirar y un trozo de suelo donde dormir. La violencia es algo del día a día. Trifulcas, fugas, huelgas de hambre, insalubridad, hacinamiento... Se construyó para cuatrocientos prisioneros y acoge a más de cuatro mil. Con dinero se puede conseguir todo. Hay hasta una discoteca. Discotokyo en Tocorón, se anunciaron en una emisora de radio. En Tocorón la vida no vale nada, impera la ley del talión. En un vídeo que circula por la red, a un preso acusado de robar otro preso le corta los cinco dedos de la mano.

Por eso Vicente Vollmer quiso demostrar que, ante la delincuencia juvenil, otras salidas son posibles. Claro que arriesgó mucho, porque la situación en la que se encontraba tenía todos los elementos para haber desembocado en la tormenta perfecta. «Y si hubiéramos tomado represalias o dejado hacer a la policía, habríamos entrado en un túnel muy oscuro. Pero elegimos el camino de apostar por el individuo aunque fuera un criminal, y no imaginábamos el impacto que tendría esta decisión. En 2003 teníamos en el municipio ciento catorce homicidios por cada cien mil habitantes, que es una tasa altísima (para que nos hagamos una idea, en su peor momento Irak estaba en veintidós homicidios por cada cien mil habitantes) y en 2013 estamos en doce. Un descenso radical».

Eso sí, al principio el Gobierno pensaba que estaba reclutando un ejército. «A raíz de la publicación de unos artículos regionales, los órganos de seguridad del Estado empezaron a investigar y tuve que comparecer ante la policía política del momento en seis ocasiones. Creo que sospechaban que estuviéramos preparando un golpe de Estado. Hasta que enviaron a la hacienda un contingente importante de investigadores, los cuales llegaron a la conclusión de que teníamos un programa de prevención de la delincuencia efectivo que no existía en ninguna otra parte del país. El cambio fue de ciento ochenta grados. Me dieron una condecoración y hoy el proyecto goza de gran prestigio».

¿Por qué el rugby?

Le pregunto a Vicente Vollmer si antes de su Proyecto Alcatraz en Venezuela habían visto alguna vez un balón ovalado. «Es muy poco común. Mi hermano y yo estudiamos en Europa y jugamos al rugby y decidimos que era el deporte ideal para el proyecto, porque es un deporte de contacto pero también de caballeros, donde uno se pega en la cancha, pero con unas reglas. Y luego está el famoso tercer tiempo, donde los jugadores se dan la mano y piden perdón si han pegado muy duro a otro. Perfecto para bandas enemigas».

Yo desde luego creo que el rugby es el más educativo de todos los deportes. Es más, yo he sido un centro frustrado. Pero estos chicos, al principio jugarían fatal, ¿no? «Sí. Por ejemplo, no entendían lo de correr hacia delante y tirar el balón hacia atrás. En Venezuela se juega a fútbol y béisbol. Y precisamente nosotros queríamos introducir un deporte al que ninguno jugara, para que no pudieran reproducirse los liderazgos normales de la banda. Entonces se fueron formando unos nuevos en base a un deporte, no en base a la ley del más fuerte ni de la pistola».

'Fair play': lecciones de vida

En el rugby también tiene gran importancia, por lo distinta, la relación de los jugadores con el árbitro. «En el fútbol y béisbol muchas veces el árbitro no se respeta y aquí han aprendido a hacerlo. También a respetar a sus compañeros y al equipo contrario. Mi papel es de psicólogo y mediador, y cuando ha habido problemas aplicamos justicia restaurativa: juntamos a víctima y victimario, a las dos partes, y les enseñamos a hablarse como caballeros».

Y el programa se ha expandido. Por iniciativa de José Arrieta, uno de los asaltantes-fundadores, ahora realiza también labores de prevención de la delincuencia con los programas Rugby Comunitario y Rugby

Escolar. Vamos, que están sentando unas *grassroots* del rugby en Venezuela. De hecho, ya hay un chico del Proyecto Alcatraz en la selección nacional.

Al hablar con Vollmer tengo la sensación de que su proyecto social le produce más satisfacción que su empresa de venta de ron. «Lo segundo es espirituoso, lo primero casi espiritual. Lo bonito del Proyecto Alcatraz es que tenemos a toda Venezuela viéndonos como solución, como fuente de esperanza».

Porque lo es. Algunos de estos exdelincuentes serían valientes, pero estoy convencido de que muchos se unieron a las bandas por miedo a decir que no. Y es que, me dice este hombre tan sabio: «La vida muchas veces se define por cómo nos comportamos frente a nuestros temores. Cuando estos chicos entran en las bandas a los 12 años, están buscando una figura de autoridad masculina que probablemente no tienen en casa, quieren formar parte de algo. Así que, digamos, entran en las bandas por las razones correctas».

Casas Blancas: mancha de esperanza

Vollmer es además ingeniero civil y ha trabajado en barriadas marginales intentando reconvertirlas en lugares dignos. Su lema es «Mens sana in corpore sano» o, lo que es lo mismo, cuidar el entorno, lo exterior, para mejorar el interior. El Proyecto Casas Blancas consiste en pintar de blanco las barriadas, los cerros que rodean la hacienda de Santa Teresa. «Nos llevó tiempo, Chávez no nos lo puso fácil; el color de moda no era el blanco, pero terminamos haciendo entender a la gente que no es un color político, sino que refleja la luz y ahorra energía. Con ese argumento empezamos pintando quince casas y la gente se fue entusiasmando. Y ahora se ve la mancha blanca en la montaña y el gobernador de Aragua ha aprobado extenderla a dos barriadas más. Se ve bonito de lejos, pero además es que los vecinos dicen que nunca habían trabajado en un proyecto juntos y esto les ha unido. Así que no solo está cambiando el cuerpo, sino también la mente».

El proyecto ha sido un éxito total y ahora cuenta con importantes apoyos, entre ellos el de Bill Gates. Además, la idea ha despertado interés a nivel nacional y es posible que se ponga en marcha en otras partes del país.

Admirable todo lo que ha conseguido este hombre que un día vino a decirles a unos chavales: os dejo invadir mis tierras si me dejáis invadir vuestras mentes. Con su corazón, su inteligencia y el deporte ha cambiado el destino de muchas personas. Me deja sin palabras, en inglés o en castellano.

26

¿De qué hablamos cuando hablamos de ética en el deporte?

El deporte profesional, como tantas otras cosas en la vida, no está exento de controversias, muchas de las cuales se han tratado en este libro: el dopaje, la regla del todo vale, la cultura del ganador, la cosificación de los jugadores... En este capítulo, sin embargo, quiero abordar una cuestión más general que tiene que ver con la concepción más amplia del deporte, con lo que debería ser y lo que debería aportar a la sociedad. En otras palabras: ¿de qué hablamos cuando hablamos de ética en el deporte?

Argentina: Golpe de Estado

Claudio Tamburrini, exfutbolista y hoy investigador del Centre for Healthcare Ethics de Estocolmo, tuvo que enfrentarse a difíciles dilemas éticos cuando su país, Argentina, cayó víctima del terrorismo de Estado tras el golpe militar de mayo de 1976. Entonces Tamburrini era un joven portero titular del equipo de Segunda B, Almagro, y estudiante de filosofía. Sin embargo, su carrera futbolística —su vida— resultó interrumpida de manera brutal. El gobierno de Videla lo mantuvo secuestrado y lo torturó durante ciento veinte días. Hasta que se escapó, en unas circunstancias dramáticas que le inspiraron una novela sobre la que, a su vez, se ha rodado una película. En la actualidad, Tamburrini es experto en filosofía penal, bioética y la ética en el deporte. La conversación que mantuvimos con él en *Acento Robinson* empezó, cómo no, hablando de fútbol. «Yo era un portero muy arriesgado, intentaba jugar fuera del área de líbero, de último zaguero, con los riesgos que eso conlleva de que te lleguen balones por arriba y no llegues. Consideraba que el portero debe ser un jugador más incorporado al campo de juego, como el último recurso de defensa, un futbolista más».

Esta reflexión sobre el papel del portero me hace recordar las bromas que le gastábamos a Grobbelaar, nuestro portero del Liverpool. Por ejemplo, cuando llegábamos a un hotel y rellenábamos un papel con nuestros datos, él ponía, en el apartado de profesión: «futbolista» y yo le decía: «¡Tú no eres futbolista, eres portero!». Bueno, pues cuando secuestraron a Tamburrini, al parecer lo primero que pensó fue en que no podría acudir a los entrenamientos, que el club no sabría dónde se había metido. «Sí. Mi novela *Pase libre. Crónica de una fuga* se titula así porque mi principal temor durante mis primeros quince días de secuestro —aunque ya me habían torturado, hecho el submarino— era perder la liga. Que se cerrara el libro de pases y me quedara sin equipo al año siguiente. Luego ya, a los quince días, empecé a tomar conciencia de la realidad y a entender que al fin y al cabo el fútbol no lo es todo, que en ocasiones también hay que salvar la vida».

Lucidez espantosa

La mente humana funciona en ocasiones de forma peculiar. Me pregunto si Tamburrini extrae algo positivo de sus ciento veinte días de cautiverio. «Yo soy bastante escéptico en cuanto a la posibilidad de mejorar en personalidad como consecuencia de un hecho traumático. Creo que la mejora de la personalidad es solo posible a partir de la reflexión profunda de cómo es uno, cómo quiere ser, cómo quiere vivir y relacionarse con los demás. Las experiencias traumáticas conmueven, sacuden temporalmente, pero al poco tiempo uno se encuentra repitiendo los mismos vicios, los mismos rasgos de miseria humana que había mostrado antes. En ese sentido, la respuesta es: no. En otro, sí: aquello me transformó, porque la experiencia fue como una puerta giratoria. Si no me hubieran secuestrado, no sé cómo sería mi vida hoy. Esos ciento veinte días determinaron la vida que tengo hoy».

Cuando se refiere a la tortura de que fue objeto, Tamburrini habla de «lucidez espantosa». «La cabeza en esos momentos te funciona a una velocidad vertiginosa y con una lucidez impresionante que jamás he vuelto a tener. Incluso te adelantas a las preguntas que te van a hacer y ya vas decidiendo tus respuestas. Es como el jugador de ajedrez que prevé ya la jugada vigesimoquinta del contrincante».

Lotería en contra

Tamburrini fue detenido porque era «de la Federación Juvenil Comunista y tenía un amigo peronista del que había sido compañero en la escuela secundaria seis años antes. No tuvo la precaución de deshacerse de una vieja agenda. Cuando lo capturan lo torturan y da unos nombres, entre ellos el mío. Fue una lotería en contra en la que saqué el número equivocado».

Estas cosas las leemos, las vemos, pero no se comprenden de verdad si no te tocan, es imposible ponerse en la piel de quien las ha vivido. Cuando te torturan, si uno no tiene información que dar, nada que contar a sus verdugos, ¿qué hace?: «Es muy difícil, porque cuando uno es capturado y ha participado en un movimiento político, tiene dos vías posibles ante la tortura, que es algo insoportable. O bien canta, colabora y dice lo que sus torturadores quieren oír. O bien calla, se autoinmola. Calla y se atiene a las consecuencias. Ahora, cuando caes por un viejo contacto con el que ya no tienes nada que ver y te piden datos que no tienes, toda respuesta que des será necesariamente vaga y difusa, y sonará necesariamente a mentira, así que te darán todavía con más saña porque piensan que les estás tomando el pelo».

Una situación sin salida, pues, de la que Tamburrini, sin embargo, logró escapar.

La fuga

Guillermo Fernández, uno de los tres compañeros de celda de Tamburrini, se las había arreglado para esconder un tornillo con el que el día de la fuga consiguió abrir una ventana. Luego se descolgaron por mantas atadas las unas a las otras. Desnudos «porque en la celda estábamos desnudos y esposados. Teníamos barba poblada porque no nos afeitaban y la cabeza rapada. Así saltamos hasta el césped, corrimos cincuenta metros, saltamos una cerca y llegamos a la calle, donde intentamos hacer arrancar un coche sin éxito». Y lo que siguió ilustra muy bien algunas de las reacciones del pueblo argentino a aquella atmósfera de terror generalizado. Cuando estaban intentando sin éxito robar un coche, «pasó un hombre con un portafolios que probablemente llegaba tarde de su trabajo y vio a cuatro hombres desnudos y esposados en plena noche. Nos miró, nos dio las buenas noches, nosotros le contestamos y seguimos corriendo. Él abrió la puerta de su casa y se fue a dormir. Esa fue la reacción del pueblo argentino: dar las buenas noches y seguir con su vida». Otra: «Después de correr durante dos horas y en redondo, Guillermo decidió tocar al timbre de una vecina y decirle: "Señora: me han atracado" (se había podido quitar las esposas porque estaba muy delgado y le quedaban grandes). La señora fue a su dormitorio, salió a los dos minutos y le dio por la ventana dinero, un pantalón y una camisa con estas palabras: "Olvídate de la dirección de mi casa y que tengas suerte"».

¿QUÉ ES EL DEPORTE?

O, más bien, qué debería ser. Jacobo Rivero, además de periodista y escritor, es exentrenador de baloncesto de la cantera del Estudiantes, por lo que sabe bien de qué habla. Ha coescrito con Claudio Tamburrini el libro *Del juego al estadio. Reflexiones,* una meditación sobre la ética en el deporte donde se tratan temas interesantes y muy cercanos a quienes hacemos *Acento Robinson.* Su objetivo es «abrir el debate, poner cuestiones encima de la mesa». Despojar temas como el dopaje, la sexualidad, etcétera, de su carga de hipocresía. «Porque el dopaje en el deporte existe desde hace mucho tiempo. Por ejemplo, en el Tour de Francia, ya a mediados de la década de 1920, muchos ciclistas se echaban cocaína en los ojos para aguantar etapas de doce, trece e incluso veinte horas, para poder seguir viendo de noche». Y poner esas cuestiones sobre la mesa libres de hipocresía, de prejuicios, ¿no podría ser un poco como abrir la caja de Pandora? Porque si yo fuera deportista profesional con dinero y tuviera un farmacéutico a mi disposición, ¿no tendría más ventajas? A Claudio Tamburrini la imagen de la caja de Pandora le parece muy sugerente porque otorga carácter de hipótesis a lo que es una realidad *de facto:* «Estamos diciendo que si permitimos el dopaje, los equipos farmacéuticos serían los que disputan las competiciones en vez de los atletas. Pero ¡es que esto ya es así! La única diferencia es que habría más pildoritas de uso permitido. Por eso hay que blanquear la práctica. Para poder controlarla».

El chantaje moral

Lo hemos dicho aquí muchas veces: no todos los niños pueden ser Messi o Ronaldo. Y sin embargo, a juicio de Rivero: «El deporte de formación se está contaminando de los valores del deporte profesional, donde lo más importante es la victoria. En ese tipo de lógicas, que nosotros creemos equivocadas en la relación del deporte con la sociedad, se producen unas sinergias que apuntan a circunstancias como la que tú dices: tengo el mejor farmacéutico y, por tanto, voy a ser el mejor. El problema es que ya desde las primeras etapas del deporte como formación se exige a los niños ser los mejores. Quini hizo unas declaraciones en la revista *Líbero* en las que decía: "Voy a partidos de formación en Asturias y me pongo malo porque son todo órdenes, directrices y exigencias a chicos muy jóvenes". Cuando se está produciendo eso, es inevitable que un deportista al que llevan exigiendo toda la vida acabe cayendo en la tentación de la pastilla». Rivero y Tamburrini quieren desmontar esa lógica desde la base. «El fútbol para niños debe ser una diversión, un disfrute».

Y luego está el chantaje moral, porque a mí la única vez que me ofrecieron una pastilla y la rechacé me dijeron: «¿Qué pasa?, ¿que no quieres ganar tanto como nosotros?». Lo recuerdo y todavía me indigno.

El (falso) valor del grito

¿Hay ética en el periodismo deportivo? Según los autores del libro, poca: «Se está haciendo una narrativa deportiva que atiende solo al éxito del deportista y se está haciendo muy poca pedagogía de un hecho cultural (sí, cultural), que ocupa muchísimas portadas y tiempo de gente joven que lo practica».

Cuando hay otras historias que se pueden contar sobre el deporte.

Y los medios de comunicación tienen el poder, muchas veces, de manipular al público para crear agresividad. «El gol en propia puerta de Escobar, el jugador de la selección colombiana, en un partido contra Estados Unidos es un ejemplo. Días después lo mataron en una discoteca en Medellín y la prensa le había señalado como el gran culpable del fracaso de la selección. Se genera desde los medios un ambiente nada sano que desvirtúa la percepción del espectador de lo que debe ser un asunto puramente deportivo».

Igual es un problema también de falta de preparación del periodista, que no tiene argumentos suficientes para hablar en profundidad de un deporte. Sí, dice Rivero: «El grito, lo heroico es lo que se valora más. Se va al fogonazo, a lo inmediato, a la portada fácil. Un caso evidente es cuando Ronaldo declaró que estaba triste. La prensa le dedicó atención (¡mucha!), pero no se analizó cómo era el juego del Madrid en ese momento. Todas estas cosas convergen en una pésima pedagogía del deporte».

Yo tengo más experiencia en televisión que en radio, pero el plano más bonito para mí no es el del ganador —ese es el obvio, el vulgar casi—, sino el de quien ha quedado segundo, a un centímetro de la victoria. Me parece una imagen mucho más sutil, elocuente. Pero, claro, al parecer no vende tanto, no resulta tan rentable.

Devolver el deporte a la sociedad

Las paradojas se multiplican. Hay una gran ironía en el hecho de que la gran mayoría de los deportistas procedan de la clase obrera y el gran público de los estadios también. Sin embargo, se les están cerrado las puertas. Un sinsentido que ilustra muy bien un partido cualquiera de la NBA en el Madison Square Garden: los negros juegan, los blancos pagan por ver jugar a los negros y los negros no pueden pagar las entradas. De hecho, estos han creado el Rucker Park en Harlem como cancha alternativa al Madison Square Garden.

Dice Rivero que «los deportes se están separando mucho de la sociedad» y estoy de acuerdo. Hemos llegado a una situación en que los premios son tan grandes y la necesidad de ganar dinero es tal, que acabamos tomando decisiones que desvirtúan la esencia del deporte. Tengo la impresión de que la situación se nos ha ido de las manos. Que en España una entrada de fútbol cueste más que en Alemania, con la diferencia de nivel adquisitivo que hay entre los dos países, explica que muchos estadios no se llenen.

Atrás han quedado, por tanto, los tiempos en que uno podía ver un partido del Liverpool por una libra y media. No obstante lo desolador del panorama, podemos —debemos— extraer conclusiones positivas: «Lo importante es que el deporte profesional no contagie su deriva marcadamente económica al deporte de base y que quienes nos dedicamos a contarlo atendamos a las historias que tienen que ver con el conjunto del deporte y no solo a las que generan titulares grandes y exaltados».

Seguiremos trabajando para que así sea.

27

Tras la estela del *Habana* o el deporte y los niños de la guerra

A veces pienso que nuestras vidas no deberían empezar con llanto, sino con las palabras «Érase una vez», pues serán historias, cuentos, con principio, desarrollo y fin. Aunque las circunstancias nos marcan, para bien o para mal, una vida da para mucho. Y si no me creen, sigan leyendo: en 1937 el vapor *Habana* zarpó del puerto de Santurtzi con casi mil quinientos niños a bordo. Eran los que después llamaríamos «niños de la guerra», que huían por millares de la barbarie de la Guerra Civil. Los que viajaban en el *Habana* escapaban del bombardeo de Guernica por parte de las aviaciones alemana e italiana, previo permiso de Franco, y su destino era la Unión Soviética.

Los niños de Rusia

En el *Habana* viajaban dos niñas vascas, Carmen Orive *(Begoñita)* y Clara Agirregabiria, que años más tarde serían las mamás de dos grandes deportistas rusos: uno de los mejores jugadores de hockey de la historia, Valeri Jarlamov, y un baloncestista de talento, Chechu Biriukov. A Jarlamov se le conocía como el Pelé del hockey sobre hielo y llegó a convertirse en un fenómeno sociológico en la URSS. No era especialmente alto ni corpulento, es decir, no parecía un jugador de hockey, y además sus rasgos eran más españoles que rusos, pero jugó en la mítica delantera del CSKA de Moscú y en la selección soviética junto a Mijailov y Petrov, dos leyendas. Al fallecer a los 33 años en un accidente de automóvil, también él se convirtió en leyenda (se daba, además, la fatídica coincidencia de que había nacido en un coche camino del hospital).

Muchos opinan que Jarlamov ha sido el mejor jugador ruso de hockey sobre hielo de la historia, lo que nos lleva a los españoles (perdón por colarme) a sacar pecho y decir que era tan especial y tan creativo por sus raíces maternas vascas. Aunque a lo mejor, lo más español que tenía Valeri Jarlamov era su 1,72 de estatura. De la generación de Alfredo Landa, vamos.

Y sus compañeros le llamaban el Español. Lo dicho, un orgullo.

OTRO CUENTO, OTRA VIDA

Clara Agirregabiria fue otra de las niñas de Rusia que zarparon en el *Habana* y madre de otro mito del deporte español, Chechu Biriukov. Cuando emprendió aquel viaje tenía 9 años, «pero comprendía perfectamente que dejaba atrás a sus padres. Salí y llegué llorando, y una vez en Rusia seguí llorando mucho tiempo». La emoción le hace hablar con dificultad tantos años después, pero de repente, como si temiera olvidarse, añade: «Los rusos no se pudieron portar mejor con nosotros, pero para mis padres fue muy duro. Mi madre me escribía constantemente contándome cosas del País Vasco, dándome consejos, criándome a distancia. Me acuerdo que en Leningrado nos recibieron muy bien, con banderas y caramelos... Debían de pensar que teníamos hambre, cuando lo que teníamos era una gran pena. Nos acogieron como si fuéramos sus hijos: había padres que le quitaban la mitad del pan a sus hijos para dárnoslo a nosotros».

De aquel drama salieron miles de futuros distintos. Clara se casó con un ruso y de su unión nació el que más tarde sería un mito del deporte español: José *(Chechu)* Biriukov, que llegaría a ser internacional con las selecciones de baloncesto de la URSS y de España. Quizá, de haber nacido en España, nunca habría llegado a ser un gran deportista, porque en la Rusia soviética el deporte formaba parte de la cultura: «Yo entrenaba desde los 10 años, pasaba los tres meses de verano en campamentos deportivos. Era una dedicación absoluta, pero con gran hincapié también en los estudios normales. Cuando vine a España, la infraestructura deportiva de los colegios me pareció muy pobre».

Jugaba en el Dinamo de Moscú, pero en su destino deportivo intervino mamá Clara de forma determinante: «Si no es por mí, no sería quien es. Me parecía que tenía demasiado tiempo libre porque terminaba pronto los deberes y se iba siempre a patinar sobre hielo. Hay que meterle en una escuela deportiva, pensé, y así se lo dije a su padre, pero él reaccionó más rápido y un día a la vuelta del colegio me dijo: "Mamá: voy a jugar al baloncesto"».

Cuando tenía 20 años le llamaron del Real Madrid. Chechu no hablaba una palabra de español, pero sentía un extraño amor por su patria materna. Y volver era el máximo deseo de Clara: «Desde que mi hijo era pequeñito yo quería que volviéramos a España; por eso le decía que tenía que ser buen deportista, porque a lo mejor gracias a eso, lo conseguíamos». Y así fue.

Franco obligó a irse a su madre de España, y sin embargo Chechu acabó viviendo aquí por la insistencia de ella. Milagros, cambios. Hasta el punto de que se siente más español que ruso, «aunque no olvido mis raíces». Quien realmente lo tiene claro es su madre, la niña del *Habana* que contagiaba su llanto a sus compañeros de travesía: «Como España, nada, y mira que yo quiero a los rusos». Chechu estaba en el Dinamo de Moscú, pero ella insistía en que su objetivo tenía que ser jugar en España. Y lo cierto es que el Real Madrid era entonces el mejor equipo, mejor que el Dinamo de Moscú. Eran los años de los hermanos Martín, Juanma Iturriaga, Romay, Corbalán, Rafa Rullán, Wayne Robinson... Casi nada. (Por cierto, curioso lo mío con Wayne Robinson. Cuando llegué a España, como nos apellidamos igual, la gente me confundía con él y me mandaba sus fotos para que se las firmara).

El caso es que Chechu Biriukov triunfó en el Real Madrid con un palmarés incomparable: once temporadas y doce títulos. Los sueños rotos de miles de niños —de su madre, Clara— en un barco camino de la hospitalidad y el frío se recompusieron para él en forma de triunfos deportivos.

LOS NIÑOS DE SOUTHAMPTON

De aquella epopeya del *Habana*, que de alguna manera nos hace revivir los horrores de la Guerra Civil, se desprende también el sabor de la victoria y la admiración por los pequeños héroes que salieron adelante lejos de su país y de sus padres. En mayo de 1937 otra singladura del mismo buque terminó en el puerto de Southampton, en mi país de origen, en Gran Bretaña. A ella dedicamos en *Informe Robinson* un documental preparado por José Larraza. En esa ocasión el *Habana* también había zarpado de Santurtzi con cuatro mil niños a bordo, el mayor contingente de refugiados que ha llegado jamás a las costas inglesas. De entre aquellos cuatro mil pequeños, nosotros nos interesamos por los que jugaron al fútbol y, para ser más exactos, por los que jugaron tan bien que alcanzaron el triunfo y regresaron para ser profesionales en España. Porque al fútbol, bien o mal, mientras vivieron en mi país lo jugaron todos.

Es conmovedor sentir en otro el profundo sentimiento de arraigo que puede tener por un lugar, una tierra, en la que casi no ha vivido. Me ocurrió al escuchar los testimonios de los supervivientes de Southampton, comprobé que aún quedaba en ellos mucho de aquellos niños a los que se les robó su infancia. Y más tarde escuché a sus hijos... que también se sienten vascos. Del *Habana* salieron artistas, pintores, empleados, médicos y... algunos futbolistas. Muchos regresaron a España, pero otros hicieron su vida en Inglaterra para siempre. Entre los primeros estaba Emilio Aldecoa, el primer futbolista español que jugó en la primera división inglesa después de la guerra, concretamente en el Coventry City. Su ilusión permanente era jugar en el Athletic de Bilbao y lo logró, jugó junto a Zarra, Panizo y Gainza... pero no triunfó. Sí lo hizo en el F. C. Barcelona, club con el que eliminaría al Athletic en unas semifinales de la Copa del Rey (entonces Copa del Generalísimo) y en la selección española. Se retiró en el Sporting de Gijón y después fue entrenador en distintos equipos. La desazón por no haber triunfado en el Athletic lo acompañó siempre.

Aquellos niños del *Habana* que desembarcaron en Inglaterra huyeron de una guerra para encontrarse con otra, la Segunda Guerra Mundial. La política, que tantas veces bordea la injusticia, impulsó al Gobierno británico a negarse a pagar la escolarización de aquellos cuatro mil chavales aduciendo razones de «equilibrio político». Pero hubo un movimiento popular espontáneo de acogida y, de hecho, la placa conmemorativa que hoy existe expresa el agradecimiento de los niños al pueblo de Southampton, porque fueron sus habitantes quienes les dieron amparo, no sus dirigentes.

Lo que nos demuestra que el sentimiento de decencia de las personas supera muchas veces a los gobiernos y sus políticas.

¿Cuántas veces es necesario mirar hacia atrás para saber cómo seguir adelante? Lecciones de historia. Lecciones de vida.

28

Manolo Santana, la leyenda sencilla del tenis español

No todos saben, aunque se ha contado en otras ocasiones, que la meteórica carrera deportiva de Manolo Santana nació de una orden materna: «Manolín, vete a llevarle el bocadillo a tu hermano». El hermano era recogepelotas en el Club de Tenis Velázquez, en la calle de Madrid del mismo nombre, esquina con María de Molina. Allí sorprendió a Manolín la magia de este deporte: las chicas de faldita blanca y los chicos de pantalón largo y también blanco dando raquetazos a una pelota diminuta que nada tenía que ver con el balón de sus héroes del fútbol. Se ofreció para ser recogepelotas como su hermano y, una vez conseguido ese humilde rango en el club, no abandonaría las canchas hasta llegar a ser el número uno de la ATP.

Pudo ser un gran electricista

Desde aquellos humildes comienzos en el interclasista pero señorito barrio de Salamanca madrileño, Manuel Martínez Santana, hijo de la clase trabajadora (su padre estuvo en la cárcel por vivir en el lado republicano durante la Guerra Civil), llegaría a ser el rey del tenis mundial al ganar el Roland Garros en 1961 y 1964, el Open de Estados Unidos en 1965, Wimbledon en 1966 y la medalla de oro olímpica en los Juegos de México de 1968. Esta, naturalmente, es una relación muy sucinta de su asombrosa colección de victorias.

Muchos años más tarde, convertido en un dandi español y siempre elegante, recuerda aquellos comienzos con una sencillez pasmosa: «De no ser porque mi hermano era recogepelotas en el Club Velázquez, me habría sido imposible dedicarme al tenis. Fue una casualidad. Pero a mí me impresionó mucho todo lo que se vivía en aquel club alrededor de este deporte. Con el tenis descubrí el deporte ideal para mí, porque siempre me ha horrorizado la violencia, y en el tenis —salvo posibles raquetazos accidentales— no existe el enfrentamiento, el choque físico».

Cuando intento presumir de mi pasado de guerrero del fútbol a costa de mi cojera, Manolo Santana prefiere seguir dando gracias a su destino: «El tenis me ha dado muchas cosas buenas. De no haber sido tenista, creo que habría sido electricista, como mi padre. Se me da bien la electricidad, todos los aparatos que tengo en casa los monto yo».

LA HIERBA PARA LAS VACAS

La humildad parece ser la divisa de Manolo Santana. Yo recuerdo la exclusividad del tenis en los años en que él empezó —hace ya medio siglo— y el elitismo social de lugares como Roland Garros y sobre todo de Wimbledon, con el cuello tieso de mis paisanos. Sin embargo, Santana no centra sus éxitos en ellos, sino en las dificultades que en aquel momento tenían todos los españoles de la clase trabajadora: «Cuando yo jugaba a tenis, muchos españoles no sabían si la pelota era redonda o cuadrada porque lo jugaba muy poca gente; solo las personas acomodadas podían permitirse pertenecer a un club de tenis».

Ese desconocimiento se prolongó aun después de cosechar Manolo importantes triunfos: «Había ganado el Roland Garros y el Open de Estados Unidos, pero aquí no se le había dado la importancia que tenía». El punto de inflexión fue Wimbledon, entonces considerado una especie de fortaleza diabólica casi inconquistable. Yo soy, como buen inglés, adicto a Wimbledon: pista de hierba, uniformes blancos... Santana, en cambio, decía: «¡La hierba para las vacas!». Y tiene su explicación: «Era desesperante venir de ganar dos Roland Garros y perder en Wimbledon a la primera ronda. Pero me di cuenta de que si no ganaba en Wimbledon y en Estados Unidos —puesto que los anglosajones eran quienes dominaban el tenis mundial, que se jugaba en hierba—, me quedaría en un jugador mediocre. Así que podría haber ganado seguramente más Roland Garros, pero en 1965 y 1966 me concentré en jugar sobre hierba... Conquistar Wimbledon es el sueño de cualquier tenista por la tradición, más importante incluso que la medalla olímpica».

Él lo consiguió y rompió con todos los moldes (han tenido que pasar cuarenta y ocho años hasta que otro español triunfara en Wimbledon: Rafa Nadal), así que Franco decidió que quería condecorar a ese españolito. «Arreglaron la pista de tenis de El Pardo para verme jugar. Lo que más me impresionó entonces fue la inquietud de mi madre. Ella, que tanto había sufrido, no se explicaba la situación. Cuando terminamos de jugar hubo un cóctel con los ministros y cuando nos despedimos, Franco, que al parecer nunca daba abrazos, me dio uno y me dijo unas palabras que nunca olvidaré: "Yo quiero que usted sepa que muchas veces en la vida justos pagan por pecadores"». Nunca se lo contó a su madre.

LOS AMIGOS DEL BARRIO

El gran azar de la vida de Manolo Santana fue encontrar el apoyo de la acomodada familia Romero Girón. Una familia que básicamente lo adoptó y asumió los gastos de su formación académica y deportiva pero, eso sí, con algunas reglas: «La primera es que tenía que ir a comer todos los días con mi madre. Ella ha sido la gran campeona de mi vida, la que siempre se sacrificó. Y cuando los Romero le dijeron que querían que me fuera a vivir con ellos para que estudiara, mi madre aceptó. Cuando iba a comer con ella el contraste era tremendo. De una casa con todas las comodidades en Velázquez con Goya, el sitio clave del Madrid de entonces, a López de Hoyos 245, que en esa época era el extrarradio. Esa situación contribuyó a mi educación personal. En el club de tenis, donde yo era, digamos, un empleado, con el apoyo de los Romero Girón pasé a ser socio. Pero cada día, nada más llegar, iba a ver a mis antiguos compañeros».

A sus compañeros recogepelotas, claro. Me intriga saber cómo sería recibido en aquella sociedad tan mediatizada el éxito de un muchacho del extrarradio. Un éxito internacional ligado a un deporte entonces muy relacionado con las clases sociales más privilegiadas. ¿Qué le dirían sus amigos del barrio? «Se alegraron por mí, no hubo rencor en ningún momento. Además, no perdimos el contacto, porque les veía todos los días cuando iba a comer con mi madre». A propósito de esto, me cuenta otra anécdota conmovedora que tuvo lugar en un ascensor del hotel Ritz cuando un desconocido se dirigió a él y le dijo: «¿No te acuerdas de mí, Manolín? Soy Paco, tu compañero recogepelotas en el Velázquez». Se fundieron en un emocionado abrazo.

A la sombra de los Pirineos

Los Romero Girón le pusieron profesores particulares para que por las tardes pudiera jugar al tenis —es decir, tenía una vida muy reglada después de haber disfrutado de la «libertad total»— y así concluyó el bachillerato elemental, una oportunidad que su madre le pedía a diario «que no dejara pasar».

Con este ligero bagaje cultural y sus excepcionales condiciones para el tenis, Manuel Santana no solo conquistó trofeos y campeonatos, sino que se instaló en el corazón de los distintos ambientes que iba conociendo. Miguel Zubiarrain, el experto en tenis de la Cadena SER, lo sabe muy bien: «A Manolo Santana fuera lo ven como lo que es, un campeón y un ser humano muy querido por tenistas, extenistas y creo que también por futuros tenistas. Porque Manolo, además de tenista, es torero. Sabe manejar la muleta con la izquierda, es un perfecto relaciones públicas. Y un auténtico caballero, con una virtud increíble: cuando estás en algún sitio acompañado de una mujer y aparece Manolo, siempre lleva una flor. Yo he vivido muchas cosas con él, momentos difíciles. Tiene una pista en Madrid que lleva su nombre y se la merece. En España el tenis nació con Manolo Santana, sin él no se habría jugado al tenis en este país».

Cuando Santana comenzó a jugar al tenis eran otros tiempos, sobre España aún se proyectaba la sombra de los Pirineos: las mujeres no podían tener pasaporte sin permiso de su marido, por ejemplo. Conquistar el mundo desde aquella España era un viaje mucho más largo del que sería hoy en día. «Manolo Santana llegó donde llegó porque era un genio de la raqueta. Nadie le regaló nada».

Llegan las máquinas americanas

Se retiró en 1970 después de ganar el Conde de Godó. Y tras él llegaron los supermachos estadounidenses con sus raquetas de aluminio, primero Connors y detrás McEnroe. Se veía que con ellos el tenis dejaba de ser algo un punto artesanal, con un punto artístico. Está claro que Santana conquistó la pista de hierba que yo tanto estimo, pero insisto Connors y McEnroe lo cambiaron todo... Con ellos llegó la fuerza y todo fue menos interesante, menos romántico, los *sets* duraban muy poco. Por eso reivindico Wimbledon y su pista de hierba, ¿estoy loco por eso? Santana me consuela a medias: «Wimbledon es otra forma de jugar al tenis. El que no tenga buen saque y buena volea lo tiene difícil, y su encanto es que nunca se sabe quién va a ganar. Pero también es verdad que hay jugadores con una potencia tremenda que en un día bueno pueden derrotar a cualquiera de los mejores». Como si se diera cuenta de que no he quedado satisfecho, sonríe y continúa: «Mi mejor ranking lo alcancé cuando gané Wimbledon. Era el torneo con mayúsculas. Cuando lo gané, fue muy especial sobre todo porque la convivencia ha sido siempre para mí lo más importante, y en vez de quedarme con los latinos me arrimé a los australianos, que eran los mejores y aprendí tanto de ellos que, cuando llegó Wimbledon, me dije: Este año es mi año porque en la copa Davis de ese año yo había jugado muy bien. No gané, pero sí derroté a Roy Emerson, entonces campeón del mundo. Así que no me presenté al Roland Garros y en lugar de eso me alquilé un apartamento en Londres. Hoy el ganador de Wimbledon gana un millón de libras, pero a mí me dieron un *voucher* de diez libras para cubrir los gastos durante el torneo».

Aquel año ganó el Wimbledon femenino Billie Jean King y a Manuel Santana le tocó bailar con ella en la gala de clausura, como manda la tradición. No sé si en aquella ocasión se presentó también con una flor...

Nada mejor que el presente

Manolo Santana y el tenis están de enhorabuena. Hay dos tipos en la cúspide del tenis mundial que llevan ahí, en la cumbre, más de diez años y además se admiran mutuamente: Rafa Nadal y Roger Federer. En el fútbol no hay ejemplos parecidos, lo de La Roja está muy bien, pero carece de la elegancia de dos grandes campeones de tenis, que es insuperable. El nombre de Rafa Nadal dispara la emotividad del veterano campeón y también una especie de orgullo de casta que comparte con Roger Federer: «Me habría gustado tener un hijo como Rafa, porque es un hombre extraordinario que además juega al tenis de una manera que está fuera de lo normal. Hace cosas increíbles. Pero es que fuera de la cancha es igual o mejor. Y lo mismo Roger Federer. Por eso los dos generan una especie de atracción mutua. Federer es la elegancia y Rafa es el coraje. Rafa podría ser mi nieto y nuestro trato es el de dos amigos».

Orgulloso de sus sucesores, el elegante pionero que jugó —y ganó— al tenis cuando era un deporte de ricos, se siente feliz de que la «armada española» sea la más numerosa, con mayor número de jugadores en el ranking mundial. Él lo cuenta, como siempre, de manera más sencilla, con la mano izquierda que conquistó tantas voluntades: «Estoy orgulloso de que el tenis sea un deporte popular y accesible a todos». Él contribuye, y no poco, a ello desde su cargo de director del Mutua Madrid Open, un proyecto de resonancia cada vez mayor.

Manolo Santana, la leyenda. Sencillamente.

29

Lesra Martin, el chico que sacó a Huracán Carter de prisión

El boxeador afroamericano Rubin, *Huracán,* Carter, pasó casi veinte años en la cárcel por un crimen que no cometió. Bob Dylan proclamó su inocencia con su canción *Hurricane* y el cine mostró la injusticia de que fue víctima el que «podía haber sido campeón del mundo». Pero antes de todo esto alguien había creído en él, un joven también afroamericano llamado Lesra Martin que luchó durante cinco años por sacar a su ídolo de prisión. Y lo consiguió. En la historia de Lesra Martin y Huracán Carter se unen el deporte, la música y los derechos civiles.

Cartas marcadas

Para quienes no tengan a mano la canción de Bob Dylan, que viene a ser una crónica exacta de la injusticia cometida con Carter, esta es, resumida, su historia:

La noche del 17 de junio de 1966 en un bar de Nueva Jersey mueren dos hombres, según los testigos a manos de dos afroamericanos. Falsos testimonios, dudosas pruebas periciales y un sistema de justicia claramente racista se confabulan para encarcelar a Rubin Carter, boxeador y candidato al título mundial de peso medio. Pasaron diecinueve años antes de que un juez federal dictaminara que el suyo no había sido un juicio justo y decretara su libertad. Para entonces, sin embargo, el caso Huracán Carter se había convertido en una causa por la que lucharon muchos activistas de los derechos civiles.

Y es que cuando en 1964 se aprobó en Estados Unidos la Ley de Derechos Civiles que terminaba legalmente con la segregación y la desigualdad racial, se cuenta que Martin Luther King dijo: «Lo único que garantiza es que no nos pueden ahorcar impunemente, pero no significa que de la noche a la mañana los blancos nos vayan a querer». Cuando tres años más tarde Neil Armstrong dio su famoso pequeño paso para el hombre pero grande para la humanidad, pisar la Luna era más fácil que inscribir a un niño negro en un colegio de blancos. Y Huracán Carter era negro. Así que, como dice otro verso de la canción de Dylan: «Sus cartas estaban marcadas de antemano».

EL ASALTO DIECISÉIS

Lesra Martin también es un ejemplo de la discriminación de la que ha sido y es objeto la población afroamericana de Estados Unidos. Nació en el gueto neoyorquino de Bushwick y creció en el ambiente de los «programas sociales» que el Gobierno se inventaba para que no «molestáramos por la calle».

Fue al colegio hasta los 15 años y sin embargo no aprendió a leer, ¿cómo se explica esto? «En los guetos, los profesores no quieren entrar. Nos dejaban jugar a las cartas y hacer lo que quisiéramos, se contentaban con cumplir el horario. Creo que no sabían cómo tratarnos».

El azar benigno se cruzó en el destino de Lesra Martin. En uno de aquellos programas sociales conoció a un agente de Toronto que vio su potencial y pidió permiso a sus padres para llevarlo a Canadá, acogerlo y darle la educación que no había tenido. «Para mis padres fue una decisión difícil y generosa», me dice. «Tuve la suerte de que me acogió una familia acomodada y accedí a una educación privada. En dos años aprendí a leer y escribir correctamente».

Así fue como en una librería de Toronto descubrió la autobiografía, *The Sixteenth Round* (El asalto dieciséis) de Huracán Carter. La historia le fascinó tanto que su tutor, «una persona muy inteligente», lo animó a que hiciera su propia investigación periodística del caso para informarse mejor.

El joven Lesra se documentó y conoció a fondo la vida del púgil encarcelado, hasta el punto de que deseó ponerse en contacto con él, y así lo hizo: «Le escribí contándole que su batalla por demostrar su inocencia había inspirado mi lucha por conseguir una educación. Para que supiera, por tanto, lo que de manera involuntaria había hecho por mí. Me enteré de que recibía cientos de cartas, así que tuve mucha suerte de que leyera la mía, que por lo visto siempre sobresalía entre el montón. Me contestó y así empezó nuestra relación epistolar, hasta que lo visité en Nueva Jersey».

Antes de ocurrir esto, que ya es extraordinario, se había producido otro milagro. Su tutor, al darse cuenta del grado de fascinación que producía en Lesra el caso Huracán Carter, se puso en contacto con los abogados de este y consiguió acceso a la documentación judicial, de tal manera que Lesra perfeccionó su lectura ¡con los papeles judiciales del caso Carter! En el cine, en la película *Huracán Carter,* Denzel Washington interpreta al boxeador y hay una escena en la que le habla a un joven Lesra Martin sobre el poder de la escritura. Pienso que el afecto y la intimidad que nacieron entre estas dos personas tuvieron que ser extraordinarios. Por eso le pregunto a Lesra cómo fue su relación cuando Carter quedó finalmente en libertad. «De padre e hijo», me responde. «Durante muchos años tuvimos la oportunidad de trabajar y pasar tiempo juntos. Cuando salió de la cárcel, fue como un padre adoptivo para mí».

La situación casi no ha cambiado

Ser encarcelado y acusado de asesinato injustamente es algo atroz y debe de producir una rabia incontenible. Pero esto fue lo que Carter le dijo a Lesra en contestación a frases como «Es una injusticia: te arrebataron la oportunidad de ser campeón mundial de boxeo»: «Les, siéntate. No quiero volver a ver un juzgado en mi vida, porque si no me dan lo que creo que me deberían dar, pasaré lo que me queda de vida amargado. Y no quiero».

La igualdad de oportunidades de las minorías raciales sigue siendo un asunto pendiente para la nación más poderosa del mundo. La familia de Lesra Martin todavía vive en Nueva York y cuando este visita su viejo barrio, se le rompe el corazón porque «la situación casi no ha cambiado. Pero tengo fe».

Lesra se hizo abogado, ya está dicho que ayudó a sacar a Rubin Carter de la cárcel, pero desde entonces se dedica a defender la alfabetización como arma para mejorar las oportunidades de las comunidades desfavorecidas y las minorías raciales en su país. Incluso ha hablado en las Naciones Unidas sobre los devastadores efectos de la pobreza y el analfabetismo. Así pues, sigue con su cruzada particular, solo que ahora su propósito no es sacar a gente de la cárcel, sino evitar que entre.

Intersecciones

La canción de Dylan *Hurricane* se convirtió en un himno en el Reino Unido. De no ser por ella, muchos —yo entre ellos— no habríamos sabido nada de la injusticia cometida con Rubin Carter. Al parecer, antes de sacar el álbum *(Desire)* publicado en 1976 que incluye esta canción, Dylan estaba un poco perdido, tenía problemas personales y con este disco expresaba el deseo de cambiar de vida. Había pasado un tiempo medio oculto en Francia y en ese momento volvió a Nueva York, al barrio donde nació la música folk y en el que él se había dado a conocer, Greenwich Village. El álbum *Desire* y también el tema *Hurricane* cuentan con la poderosa presencia del violín de una artista de aura misteriosa llamada Scarlet Rivera. Según un artículo de la revista *People,* Dylan iba conduciendo por Nueva York un coche «verde y feo», que detuvo en cuanto vio a una joven que caminaba con una funda de violín en la mano. Cuando le preguntó si de verdad sabía tocar y esta le contestó afirmativamente, la invitó a acompañarle a su estudio a ensayar. El resto es historia.

Dylan era experto en capturar momentos que expresan mundos y *Hurricane* describe en ocho minutos el caso de Rubin Carter. La interpretó solo mientras estuvo apoyando al boxeador, al que visitó en la cárcel en 1975 después de leer su autobiografía, igual que Lesra Martin. Y en enero de 1976 organizó un concierto en su homenaje de siete horas de duración en el Astrodome de Houston, en el que participaron, entre otros artistas, Stevie Wonder, Shawn Phillips, Stephen Stills, Carlos Santana y Ringo Starr.

Como coda final, como elemento de reflexión, como cierre a una historia tan dramática como esperanzadora, algunos datos sobre las prisiones en Estados Unidos: es el país con mayor población reclusa del mundo (setecientos dieciséis presos por cada cien mil habitantes, lo que supone el 25 por ciento de la población mundial de reclusos). El 60 por ciento de los reclusos son negros o hispanos, que sin embargo representan solo el 30 por ciento de la población estadounidense total. Los activistas de derechos humanos afirman que los prejuicios raciales están detrás de muchos de los errores judiciales que se cometen en el país. El último caso mediático ha sido el de Glenn Ford, declarado inocente tras pasar treinta años en el corredor de la muerte, pero hay muchísimos más. De hecho, un estudio reciente de la Universidad de Michigan calcula que al menos uno de cada cinco condenados a muerte en Estados Unidos es inocente.

Estos datos, como Rubin Carter, Lesra Martin y Bob Dylan, son de Estados Unidos, pero la injusticia —lo sabemos muy bien— habita en todas partes.

30

Marinovich: el experimento fallido

Antes del dopaje genético, cuando el debate sobre los deportistas genéticamente modificados no estaba como hoy encima de la mesa, hubo un hombre que se propuso fabricar el mejor *quarterback* de la historia. El objeto de su experimento era su hijo. Estoy hablando del que podría considerarse el primer deportista probeta. Todd Marinovich, que nació predestinado a ser jugador de fútbol americano porque así lo había decidido su padre, Marv Marinovich, exjugador profesional y gurú de la preparación física en Estados Unidos.

Entrenamiento desde la cuna

Marv Marinovich fue un excelente deportista universitario que fracasó como profesional y quiso hacer realidad sus sueños a través de su hijo. Se empeñó en crear al futbolista perfecto. Cuando su mujer, Trudy, se quedó embarazada, supervisó su alimentación. Luego diseñó un sistema en la cuna para que el bebé desarrollara sus habilidades motoras y su fuerza física. El primer juguete de Todd fue un balón de fútbol americano. Aprendió a ser ambidiestro, no usó andador. A medida que crecía, aumentaban las prohibiciones. Iba a las fiestas de cumpleaños infantiles con palitos de zanahoria y barritas de cereales. No comía golosinas. A los 3 años ya hacía series de abdominales y a los 4 corría seis kilómetros en treinta y dos minutos. El objetivo de su padre era convertirlo en el mejor *quarterback* de la historia del deporte. Una semana típica de su adolescencia incluía cuatro días de levantamiento de pesas, tres de trabajo ligero y de campo, sesiones diarias de baloncesto, dos sesiones semanales con entrenador de tiro y dos con entrenador de *quarterbacks,* dos horas diarias de lanzamiento de balón, dos de fútbol y entrenamiento de *sprint* tres veces a la semana. Antes de cumplir 20 años, Todd Marinovich medía 1,94 metros, pesaba noventa y seis kilos y había establecido el récord nacional del pase más largo en el campeonato de secundaria, récord que nadie superó en más de dos décadas. Ya en la universidad, fue campeón con los Trojans de California del Sur. Hasta el presidente Ronald Reagan le llamó para felicitarle. Después fue seleccionado para la NFL y fichó por Los Angeles Raiders, pero, igual que su padre, también fracasó como deportista profesional y su carrera no duró más de dos años. Las drogas tuvieron la culpa. Todd Marinovich empezó tonteando con el alcohol en secundaria para celebrar sus victorias deportivas. Ya en la universidad añadió anfetaminas y, más tarde, cocaína, LSD, heroína y todo lo que caía en sus manos. Pasó de atleta perfecto con contrato millonario a la ruina total. De niño que no comía chucherías a encarcelado por posesión de cocaína. Algo había salido muy, pero que muy mal.

'Robo Quarterback'

Con un padre así, que desde su gestación había decidido ya cómo iba a ser su vida, imagino que Todd Marinovich tuvo poco margen de elección. De mi encuentro con él saqué varias impresiones, entre ellas, que su infancia no había sido, como cabría esperar, infeliz: «Tuve una buena infancia. Me encantaba trabajar en equipo y en líneas generales fui feliz»; que sus problemas empezaron en la adolescencia, cuando tuvo que soportar la presión paterna por un lado (en un momento del documental sobre su vida, *The Marinovich Project,* recuerda tener la sensación de que la armonía familiar dependía de su rendimiento deportivo y que la relación con Marv era más la de entrenador-jugador que la de padre-hijo), además de ser el centro de atención pública constantemente.

Y es que la presión mediática en la década de 1980, cuando Todd ya jugaba en la liga universitaria, debió de ser insoportable. Le llamaban el «chico de oro», el «mesías», le inventaron el apodo de *Robo Quarterback* (el *quarterback* robot) y un artículo en *Sports Illustrated* lo consideraba el primer atleta-probeta. Pero, apunta Todd: «Se escribía sobre mí, no sobre mi forma de jugar», todo lo cual le generó serios problemas de identidad: «No quería ser Todd Marinovich».

En 1993, ya de profesional en la NFL, los Raiders le suspendieron por dar positivo en un control antidrogas. Él recuerda sentirse «aliviado porque alguien tomara la decisión (de dejar de jugar) por mí». Tras la suspensión, formó una banda de música con amigos y fumó heroína por primera vez. Siguieron unos años oscuros sobre los que afirma: «Se me trató como un delincuente y no lo era, tenía una adicción». Todd Marinovich tuvo que volver a los estadios para financiar su adicción a la heroína y en ocasiones jugaba drogado. «Simplemente pensaba que con la actitud correcta y siempre que nadie supiera que yo estaba mal físicamente, no tenía mayor importancia. Pero llegó un punto en que todo lo que ganaba me lo inyectaba». Tocó fondo. De esa época hay una declaración de Todd en el documental sobre su historia que me parece muy reveladora: «El dolor físico no era un problema. Me habían enseñado a superarlo. El dolor emocional era otra cosa».

¿Y el libre albedrío?

La historia de Todd parecía predestinada a un final trágico y sin embargo no es así. Hoy es un hombre rehabilitado, casado, con hijos ¡y artista! Cuando le pregunto si sus días oscuros han quedado en el pasado, si se siente por fin libre o cómodo en su propia piel, me resume así lo que la vida le ha enseñado: «Haciendo esto (pintar y esculpir) me siento más sano que nunca y además he aprendido que no hay que despreciar los propios errores, sino asumirlos. Yo lo he hecho, y algunos han terminado convertidos en mis mejores piezas».

Sobre si sigue notando la presión de los demás: «El documental cambió mi vida radicalmente porque cambió la percepción de la gente sobre mi caso. Es increíble la cantidad de personas que se pusieron en contacto conmigo para decirme que se identificaban con mi experiencia». Y lo cierto es que el caso Marinovich se explica en parte por el protagonismo brutal que tiene el deporte universitario en Estados Unidos, un modelo difícilmente exportable a países como España, pues requeriría una revolución de base en la concepción de deporte amateur y profesional.

Negocio millonario

Todo empezó a principios del siglo xx, cuando Theodore Roosevelt se tuvo que enfrentar al considerable número de muertos y lesionados de gravedad en competiciones universitarias y propuso crear una estructura que amparara estos encuentros deportivos de gran tirón popular y competitividad. Así nació, en 1906, la Asociación Intercolegial de Atletismo de Estados Unidos, que tenía como objetivo fijar las reglas del deporte amateur en dicho país. Cuatro años después la asociación se convirtió en la NCAA, que agrupa mil cien universidades y colegios y es la principal cantera para las ligas profesionales. Sus cifras son impresionantes: en los Juegos Olímpicos de Londres, Estados Unidos ganó doscientas ochenta y dos medallas conseguidas gracias al deporte universitario.

Muchas medallas y un negocio muy lucrativo que mueve millones de dólares, casi tanto o más que el deporte profesional. Las universidades son las primeras que se benefician entre derechos de televisión, venta de *merchandising*, entradas... Las instalaciones son de primer nivel y en ellas se da trabajo a muchas personas. Hay entrenadores universitarios que ganan millones por temporada. El estadio más grande es el de la Universidad de Michigan, donde caben ciento diez mil espectadores. Más cifras de infarto: la televisión ha llegado a pagar siete mil setecientos millones de dólares por los derechos de la competición entre los mejores equipos de baloncesto universitario. En estos partidos, que siguen por televisión más de ciento cuarenta millones de espectadores, los deportistas no cobran, son amateurs, chicos muy jóvenes con un futuro prometedor.

¿Final feliz?

Todd Marinovich fue uno de estos jóvenes, aunque en su caso su futuro prometedor se vio truncado por las drogas. Por fortuna, parece haber tomado las riendas de su vida y se le ve decidido a no dejar que nadie escriba por él el final de su historia. Y además afirma tener muy buena relación con su padre. Desde fuera es difícil entender esto y yo no me resisto a juzgar a Marv Marinovich, aunque sé que no soy quién. ¿Es que quería ver sus sueños cumplidos en su hijo? ¿Entrenarlo ya desde que estaba en el vientre materno? Es como tener el enemigo en casa. ¿Qué posibilidades tenía ese niño de elegir libremente lo que quería ser en la vida? Yo he sido lo opuesto a Marv Marinovich. Hubo un tiempo en que a mi hijo le gustaba la batería y lo desanimé. Ahora no es Phil Collins, pero yo he podido dormir por las noches y mis vecinos no me han puesto denuncias. Frivolidades aparte, no me acaba de encajar que Marv no se arrepienta de nada: «Me miran como a un padre fanático, que obliga a su hijo a jugar a algo que no le interesa cuando no es cierto», declara en el documental. Y el propio Todd afirma: «No culpo a mi padre de ninguna de las adversidades de mi vida, porque todo lo que hizo, lo hizo impulsado por el amor hacia mí». Yo no estoy tan seguro de que Todd fuera libre de decirle a su padre: No quiero ser jugador de fútbol. Es posible, como dice mi hijo Liam, que Todd no supiera, no concibiera que podía ser algo distinto de lo que quería su padre.

Sea como sea, yo me tomo el experimento Marinovich como lo que en inglés llamamos *cautionary tale,* una historia con moraleja que nos alerta de los peligros de la obsesión por el triunfo a la hora de educar a nuestros hijos. Creo muy conveniente dejar a las personas alimentarse razonablemente según sus gustos y que los bebés que se están formando en el vientre de sus madres floten felices en el líquido amniótico sin que las previsiones de nadie diseñen su menú. A partir de ahí, que cada uno saque sus propias conclusiones.

31

Fernando Martín, el primer español en la NBA

Eran buenos tiempos, el optimismo reinaba en el baloncesto español en 1984 después de que la selección ganara la medalla de plata en los Juegos Olímpicos de Los Ángeles y también porque tenía en sus filas un jugador muy especial, que trascendía lo meramente deportivo y estaba destinado a la gloria. Atractivo y carismático, fue el ariete que derribó el muro que impedía el acceso de los españoles al baloncesto de Estados Unidos al fichar por la NBA, la misma liga en la que hoy juegan y triunfan tantos. También derribó el muro que separaba a varias generaciones de españoles de este deporte: podían no tener idea de baloncesto, pero todos sabían quién era Fernando Martín. Veinticinco años después de su muerte, le recordamos.

Llega el profesional

Digo que eran buenos tiempos porque había ilusión, unas ganas voraces de cambiar. España se introducía a marchas forzadas en los hábitos de la modernidad e iba olvidando sus complejos. Aquella época, que tuvo sus mitos y sus héroes, encontró en Fernando Martín el referente de la renovación en el deporte y también en la manera de ser, porque Fernando, sin romper del todo con la imagen del joven madrileño tradicional, era mucho más. Gracias a él pudimos, por primera vez, pensar que el deporte español podía estar presente en el mundo más allá del fútbol.

Nadie conoció mejor a Fernando como jugador y como persona que su hermano Antonio, también exbaloncestista en el Real Madrid. Estos veinticinco años transcurridos le han permitido «poner todos los filtros en el laboratorio emocional para poder acordarme de él con una sonrisa más que con otra cosa. Yo lo recuerdo como un pillo y me hace sonreír».

Tenía 27 años y el mundo a sus pies. Muchos querían ser como él. Despertaba el interés de la prensa, ¡incluso la del corazón! Otro mito del baloncesto, Juanma Iturriaga, siempre dice que cuando Fernando Martín fichó por el Real Madrid el profesionalismo llegó al vestuario. Que muchas cosas cambiaron:

«Hasta entonces el Madrid había sido un equipo muy jerarquizado, muy marcado por unos valores como la veteranía. Cobrabas en función no de lo bueno que fueras, sino de los años que llevaras. Había escalafón, un estilo de vida que saltó en pedazos cuando llegó Fernando porque el club, para ficharlo, tuvo que hacer una inversión importante. En paralelo a los cambios que empezaban a obrarse en la sociedad, el paternalismo de club fue dejando paso a algo más relacionado con los méritos de cada uno. Fue una ruptura».

Para mí siempre tuvo algo de *playboy,* pero para su hermano Antonio, «Fernando era más normal que todo eso». Sí, reconoce, no obstante, «que fue muy importante para toda una generación de jóvenes españoles de entre 12 y 18 años que al verlo querían ser como él. Y que fuera un deportista tirando a decatleta y simpático, gustaba».

PIONEROS

Aquella época del *basket* español la recuerdo como muy romántica, con nostalgia. Cómo olvidar aquellos encuentros Madrid-Barça de la década de 1980: Solozábal contra Corbalán, Epi contra Iturriaga y, sobre todo, Audie Norris contra Fernando Martín, que poco o nada tenían que envidiar a los duelos entre Magic Johnson y Larry Bird. Nunca he disfrutado tanto con el *basket* español como entonces y sin embargo fue antes de que España lo lograra todo en este deporte. Casi la génesis. Me pregunto si aquellos muchachos eran conscientes de estar haciendo algo grande, de estar abriendo la puerta a una época nueva. Según Antonio: «No, porque son lecturas que se hacen a posteriori. Luego, cuando ganaron la plata en Los Ángeles en 1984 (con el inolvidable Antonio Díaz-Miguel), ahí ya sí. Habían sido muchos años trabajando y peleando para que la selección tuviera un éxito de ese nivel y hubo un antes y un después. Además, coincidió con un momento malo del fútbol, una religión, como hoy, en este país, pero que entonces tenía muchos ateos. Y el baloncesto los aprovechó muy bien».

¿Y cómo era Fernando como compañero en la cancha? Para su hermano, «uno de esos jugadores que en un deporte de equipo te ayuda a ganar partidos. Era exigente consigo mismo y con los demás y te daba tranquilidad tenerlo en la cancha». Audie Norris, que vivió su plenitud en el Barça y fue su gran contrincante, lo recuerda «como un adversario muy duro, un jugador muy inteligente que puso el baloncesto español en el mapa. La NBA no miraba a España antes y a partir de Fernando empezó a hacerlo».

El sueño de la NBA

1986 fue el año en que España entró en la Comunidad Económica Europea, en que el *Challenger* estalló ante los ojos atónitos de millones de españoles y Barcelona fue elegida sede de los Juegos Olímpicos de 1992. También el año en que Fernando Martín se lanzó a la aventura americana en un tiempo en que la globalización aún estaba por llegar. Y es que ahora se habla de la ÑBA, tantos son los españoles que han cumplido el sueño de jugar en la liga de baloncesto estadounidense, pero en tiempos de Fernando Martín era como ir a la Luna. ¿Era él consciente de estar protagonizando un episodio histórico? Su hermano recuerda una frase de Fernando que a su juicio resume muy bien su sentimiento: «A mí con estar aquí y haber tocado a determinados personajes ya me basta».

Pero lo cierto es que la experiencia fue dura: en los Trail Blazers de Portland, Fernando se encontró con un entrenador novato, Mike Schuler, que no supo —o no quiso— aprovechar su potencial. A ello hay que añadir la soledad y las críticas que le llegaban desde España. Quienes me conocen bien saben lo enamorado que estoy de mi país de adopción, pero reconozco que los españoles a menudo tardan en reconocer los méritos de aquellos que se atreven a intentar triunfar fuera. Fernando no dudó en aprovechar la oportunidad que se le presentó y algunos se lo recriminaron. Porque además —¡y esto es el colmo!— se daba en aquel momento una circunstancia que hoy nos resultaría inconcebible, a saber: que estar en la NBA era incompatible con jugar en la selección española. Dice su hermano Antonio y yo con él: «Afortunadamente, en eso como en otras cosas hemos evolucionado».

El debut americano

Resulta que la marcha de Fernando para hacer realidad el sueño americano causó tanto revuelo aquí, en España, como en Portland, capital del estado de Oregón y una ciudad relativamente pequeña (por aquella época su población rondaba el medio millón de habitantes). Sixto Miguel Serrano es uno de los tres afortunados periodistas españoles que estuvieron en el debut de Fernando Martín con los Trail Blazers en 1986, en un partido contra los Seattle Supersonics, y tiene muchas anécdotas que contar, entre otras el recibimiento propio de estrellas de rock que les brindó la ciudad del oeste de Estados Unidos a Manolo Lama y a él. «Al llegar nos encontramos con que en Portland había mucha expectación por ver jugar a Fernando». Y también por conocer a los periodistas que lo acompañarían, al parecer. «En las calles nos reconocían, nos pedían autógrafos y nos hacían fotos. Llega el partido. Estábamos Manolo Lama y yo sentados en primera fila y el partido no empezaba, la gente estaba de pie: doce mil doscientos sesenta y seis espectadores aplaudiendo de forma acompasada. No entendíamos nada, hasta que Fernando Martín, que estaba en el banquillo, se acercó corriendo y nos dijo, con su gracejo especial: "Pero ¿no oís que os están llamando por megafonía? Levantaos y saludad, que si no, no empieza el partido, ¡cabrones!". Y es que nos estaban presentando por megafonía como los periodistas que habían ido a cubrir a Fernando».

Sixto fue testigo de primera mano del gesto que presagió los problemas a los que se enfrentaría Fernando en su aventura americana. La noche del debut «el jefe de prensa del Portland nos confesó que Mike Schuler le había sacado solo dos minutos y dos segundos por deferencia a la prensa española, para que pudiera haber foto. Que de lo contrario no habría jugado. El entrenador Mike Schuler y su ayudante eran muy conservadores. Como a la mayoría de los técnicos de la NBA, no les interesaba lo que no fuera estadounidense». Sixto también sabe que las grandes estrellas del equipo de entonces, Clyde Drexler y Kiki Vandeweghe, no se explicaban por qué Schuler no le daba más oportunidades al español. Y sentencia: «Fernando fue un adelantado a su tiempo. Fue demasiado bueno demasiado pronto».

¿Por qué no?

Pero antes de irse a la NBA Fernando Martín ya había roto moldes. Por ejemplo, con su fichaje por el Real Madrid, que los *cracks* Juanma Iturriaga y Fernando Romay cuentan de maravilla y con su dosis de sorna. Juanma recuerda: «Siempre he dicho que a mí Fernando no me caía bien: era más alto, más fuerte, más guapo, ganaba más dinero, tenía una pelliza para el invierno que de tan elegante era un insulto. Yo entonces empezaba un periodo contestatario de mi vida —que me ha durado cincuenta años— y veía a Fernando como un pijo madrileño». Bromas aparte, Iturriaga cuenta con mucho acierto que en la década de 1980 aparecieron una serie de deportistas que entonaron el ¿por qué no? «España entonces era un país muy acomplejado deportivamente. Y llega Fernando y hace con el baloncesto un poco lo que Seve Ballesteros con el golf. Gracias a eso, las nuevas generaciones dicen ¿por qué no? con toda tranquilidad. Ahora todas las opciones son factibles, cosa que en las décadas de 1970 y 1980 no ocurría».

Otro mito y compañero suyo, Fernando Romay, opina que la rebeldía de Fernando Martín estaba completamente justificada porque era «un excelente profesional que cumplía en cada momento. Por encima de todo, era un técnico». Y exigente con sus compañeros. Romay recuerda una ocasión, «antes de un partido de Copa de Europa entrenando con George Karl decidimos echar un partidillo para jugarnos el aperitivo. ¡Los hermanos Martín terminaron con puntos en la frente! Karl no daba crédito. Pero Fernando es que era pura pasión en todo».

Una pasión que seguramente explica que en el homenaje que se le rindió el 3 de diciembre de 2014 en el Palacio de Deportes de Madrid, cuando se cumplían los veinticinco años de su muerte, hubiera diez mil personas de pie emocionadas y aplaudiendo a ese gran pívot del baloncesto español que rompió moldes. Entre aquellos personajes que marcaron un cambio de época, la figura de Fernando Martín —a quien el destino le robó la oportunidad de decaer— estará siempre en un primer plano, recortada sobre dos principios que eran nuevos en el baloncesto español y también en la sociedad española: profesionalidad y ambición. Grande, Fernando.

32

Modificación genética y deporte: el futuro era esto

El dopaje, sus reglas y su ética. En el último capítulo de este libro vamos a acercarnos a algo que parece de ciencia ficción, pero que está a la orden del día: el deportista genéticamente modificado. Para algunos, es el Santo Grial que permitirá llevar el rendimiento deportivo a límites insospechados. Para otros, equivale a abrir la caja de los truenos por sus muchas implicaciones sociales, morales e incluso filosóficas. Por eso, para debatir sobre ello es necesario reunir a expertos en diversas disciplinas, porque en el fondo estamos hablando del futuro, algo que, por definición, no existe, pero sobre el que el ser humano siempre tiene una tentación: construirlo según sus intereses. ¿Cuáles deben ser los nuestros? ¿Los del deporte?

Tratemos humildemente de asomarnos a esa ventana y adivinar algo entre la niebla. Es lo que hacían quienes consultaban los oráculos clásicos y es lo que, a su modo, hacen hoy millones de científicos en sus laboratorios.

¿Ley o dogma?

España no tiene muy buena fama respecto al dopaje. Yo personalmente tengo un problema: me parece bien que haya una agencia antidopaje y deploro la trampa, pero mientras acato la ley la cuestiono, porque la gran mayoría de las leyes van a favor del bien general de la sociedad, pero también es cierto que los seres humanos nos dopamos desde que nacemos, mejoramos nuestro rendimiento a base de fármacos. Sin embargo, si me convierto en un deportista de élite, el mero hecho de pisar un supermercado equivale casi a aventurarse en un campo minado. En el caso del dopaje, ¿la ley es ley o es un dogma? Esta pregunta se la hago a Enrique Gómez Bastida, desde febrero de 2014 director de la Agencia Española de Protección en el Deporte, comandante de la Guardia Civil y responsable de la instrucción de la Operación Puerto, la mayor trama de dopaje del deporte español. Su respuesta es tajante: «Es una ley. Hay varios mitos, como el de que todo da positivo en las pruebas antidoping, sobre todo en el ciclismo, que es el deporte más afectado, pero no es así. Nuestra ley se basa en una serie de sustancias, una lista que ha ido cambiando con el tiempo y que se rige por unos principios reglamentados y aceptados por toda la comunidad antidopaje».

Según Manuel Reyes Mate, filósofo y profesor del Instituto de Filosofía del CSIC, hay algo de hipocresía en todo esto, en el hecho de que la sociedad actual demanda héroes en el deporte y a la vez exige juego limpio: «Yo creo que las normas antidopaje son bienintencionadas y necesarias, pero las emiten representantes de una sociedad muy hipócrita. Una sociedad que quiere juego limpio, pero también divertirse con los deportistas, verlos subir el Tourmalet a treinta kilómetros por hora, cuando lo suyo es subirlo a diez, digo yo. El ideal olímpico es: "más alto, más fuerte, más rápido". No se pone el acento en el esfuerzo, sino en la marca. En superar el límite. De ahí el recurrir al dopaje para satisfacer las expectativas de la sociedad. De ahí la hipocresía. La sociedad debería fomentar una cultura donde las expectativas estén a la altura de un rendimiento natural».

El deportista genéticamente modificado

Y por si la tarea de las agencias antidopaje («El caso Armstrong dejó claras las limitaciones del sistema actual basado únicamente en controles, en concreto en analíticas de sangre», dice Gómez Bastida) no fuera ya lo bastante ardua, ahora se empieza a hablar ya de la modificación genética del deportista. A propósito de la misma, el profesor Reyes Mate habla de una «enorme confusión moral. No es cierto que esta sociedad valore lo natural frente a lo artificial en lo que respecta a la constitución del ser humano. En este momento, los biólogos sintéticos hablan ya del ser transhumano. La ciencia se está preparando para un ser humano en el que la naturaleza es sucesivamente sustituida por piezas artificiales. E incluso los científicos hablan de una segunda generación creada por los seres transhumanos, unos robots humanos que a su vez crearían robots puros. No es ciencia ficción, son predicciones. Así que vamos hacia eso, la sociedad quiere eso. Pero, claro, se plantea un problema enorme: la alteración del ser humano, de la naturalidad, de la libertad, porque podemos pensar que en el futuro tendremos hijos con las cualidades que nosotros elijamos, pero que también podremos decidir los sentimientos que tendrán. El problema será la libertad. Por eso creo que el debate sobre el dopaje debería tener ese horizonte: el horizonte de una sociedad que por un lado critica el dopaje pero por otro apuesta e invierte en un ser transhumano». Un horizonte, por cierto, nada lejano.

Abróchense los cinturones

El futuro nos trae propuestas verdaderamente inquietantes, sí. El doctor Bob Goldman, expresidente de la American Society for Cell Biology, realizó un estudio consistente en formular a diferentes atletas del equipo olímpico de Estados Unidos una misma pregunta a lo largo de cinco años: ¿Te dejarías administrar una sustancia que te garantizara medallas de oro aunque supieras que te causaría la muerte en cinco años? El 52 por ciento de los atletas contestó... sí. Estamos hablando de algo que me suena a inmolación, a pacto fáustico, y que se explica, según Gómez Bastida: «Porque todo en la sociedad está orientado hacia el éxito. Nosotros en la agencia tratamos el dopaje como síntoma de un problema mayor: la presión por el éxito. Y esta viene también de la familia, de las condiciones económicas, del nivel cultural (no tener alternativas al deporte, no tener una formación a largo plazo). Nosotros intentamos inculcar que el éxito no es lo único que existe». Pero es lo imperante en una cultura del progreso. Dice Reyes Mate que quienes se dedican a analizar estos fenómenos «hablan de “vergüenza prometeica”, que es una figura muy ilustrativa. Prometeo es uno de los dioses más simpáticos porque trajo la técnica (el fuego en la mitología) a los humanos y con ella hemos hecho maravillas. Así que nunca nos ha avergonzado Prometeo, sino que le hemos honrado y celebrado. Ahora en cambio aparece esta vergüenza porque el hombre, ese ser imperfecto, descubre que está haciendo cosas mejores que él, que son superiores a él mismo. Y se avergüenza del hombre que es porque se da cuenta de que es capaz de hacer máquinas, instrumentos que le sobrevivan. Deseamos ser como los productos de nuestra actividad. A mí me parece una falsa vergüenza, porque el hombre es un ser limitado y todo lo que ponga en peligro su libertad hay que tenerlo en cuenta. Por eso debemos plantearnos esta lucha contra el dopaje como una responsabilidad social y revisar muchos de nuestros cánones y pautas morales».

Las cartas sobre la mesa

Hemos de respetar las reglas del juego, hasta ahí de acuerdo, pero me gustaría que, mientras lo hacemos, las discutiéramos y cuestionáramos su validez. La constante lucha entre prohibición y progreso científico se parece a la eterna pelea entre el ratón y el gato. Es una contradicción: exigimos cada vez más al deportista, mientras rechazamos los avances científicos con moralidad ciega. ¿Estamos frenando el avance de la especie humana? Yo lo que digo es: reglas sí, pero debatidas en un foro más acorde con las nuevas realidades.

Y para asomarnos al futuro, nadie mejor que Andy Miah, bioético, profesor y periodista inglés experto en el desafío que la farmacología supone para el deporte tal y como lo entendemos ahora. Autor de *Genetically Modified Athletes: Biomedical Ethics, Gene Doping and Sport* (Atletas modificados genéticamente: Ética biomédica, dopaje genético y deporte), Miah se cuestiona las relaciones entre deporte y ética, y también, entre otras cosas, si las autoridades pueden, o incluso deben, proteger al deporte de la modificación genética. El problema, a su juicio, tiene mucho que ver con la política. «Hay reglas impuestas antidopaje que constituyen visiones a corto plazo porque temen decepcionar a quienes están en el poder. Así que son decisiones que ni aclaran ni resuelven el problema». Y, como yo, es partidario de poner las cartas sobre la mesa: «El dopaje ha de abordarse como un asunto de sanidad pública, no de trampa o de delito. Es una manera mucho más constructiva y nos permite ver las consecuencias de estos fármacos y analizar los riesgos, hacer un seguimiento de los atletas. El problema es que se hace todo a puerta cerrada, y se trafica ilegalmente. Para salir de este círculo, hay que adoptar otra visión».

Y digo yo: ¿sería posible hoy día que una pareja vaya a un genetista y encargue un niño rubio de ojos azules y capacidad de ganar el Tour de Francia? ¿O un Usain Bolt? «Hay determinados genes que podrían dar lugar a un Usain Bolt: más fibras rápidas en el tejido muscular, genes que predeterminan la capacidad para la velocidad. Estos genes para mejorar la potencia, la velocidad, la larga distancia, etcétera, están ligados a muchos factores, pero ya los tenemos identificados. Y con el tiempo iremos sabiendo más. Tenemos mucha información que nos permitiría aumentar el rendimiento deportivo de alguien, pero aún no estamos en fase de poder diseñar a alguien. Aunque tampoco creo que falte demasiado». Es más, «la posibilidad tecnológica existe y ese es el hecho crucial. Lo sabemos porque el COI y las agencias antidopaje están invirtiendo en la detección de la manipulación genética».

Quiero ser inmortal

Todas estas cuestiones conducen inevitablemente a una reflexión sobre la limitación última del ser humano: su condición de mortal. Pero es que el envejecimiento y sus últimas consecuencias, la muerte, empiezan a verse en determinados sectores científicos como una enfermedad que se puede combatir. Miah me da la razón. «Uno de los proyectos en que está inmersa la medicina es la búsqueda de la inmortalidad, de incrementar nuestro tiempo en la tierra. Y si lo conseguimos, podremos dejar de morir por "causas naturales". Y a eso voy: nos sentimos perfectamente cómodos siendo una sociedad que hace esto porque es algo saludable, que beneficia la especie. Así pues, todos somos candidatos a modificaciones».

Y estamos en una encrucijada, porque a pesar de los avances, aún no sabemos si las modificaciones genéticas se transmiten de padres a hijos. La internista Raquel Blasco conoce bien el mundo del deporte porque colabora con varias federaciones. Sabe mucho sobre dopaje genético. «*Grosso modo,* hay dos maneras de planificar un dopaje genético. Una es el llamado dopaje *ex vivo,* en el que se hace una biopsia del individuo, se cultiva ese trocito de músculo o lo que sea que se quiere tratar y se incluye el genoma a modificar, de manera que ese grupo muscular sea más grande, fuerte, veloz, con mayor circulación sanguínea...; en suma, que rinda más. Este caso no tiene por qué dar problemas. Otra cosa es otro estilo de dopaje: aquel en el que inoculamos el gen en el torrente sanguíneo de la persona. Aquí el gen pasa a formar parte del material genético. Y en teoría no debería pasar a las células germinales, pero es que no lo tenemos todo tan controlado».

Así pues, cautela, pero también seguir explorando. Porque indagar lo desconocido ha sido siempre el instinto natural de la humanidad. Será importante, en todo caso, que nunca olvidemos que deben existir unas reglas del juego.

Agradecimientos

Disfruto enormemente con *Acento Robinson.* Es un verdadero lujo poder hablar con España a través de «la alcachofa amarilla» de la Cadena SER. Por eso le agradezco mucho a Diego Zarzosa, mi admirado amigo y compañero, que me convenciera para llevar a cabo un programa para Lluís Pi, director de antena de la Cadena SER. Después de nuestra primera reunión sentí todo su apoyo y también el de Sira Fernández. Gracias por hacer posible esta aventura preciosa y por ser incansables... Estoy muy agradecido.

Uno de los principales problemas a la hora de hacer un programa de radio es que ¡¡la gente no hace más que hablar!! Es decir, que no hay imágenes...

Yo estoy más acostumbrado a la televisión. La radio y la tele son dos bichos bien distintos. Y para conseguir las posibilidades visuales de este último medio Liam Robinson es la persona responsable para «mis imágenes». Liam pone la música y la sensibilidad, así nos ayuda a «ver» los programas o, al menos, a escucharlos mejor. Su elocuencia y talento crean la atmósfera en el programa. Gracias, Liam, por sorprenderme y por lo que me enseñas cada día.

Gracias también a Diego Zarzosa, incansable en la búsqueda de historias, pero sobre todo por su total lealtad en cada proyecto. Las veces que pienso «¿qué haría sin Diego?».

A mi admirado John Carlin por contestar mis llamadas siempre, sin importar en qué parte del mundo se encuentre. Gracias, amigo.

En temporadas pasadas hemos disfrutado de la ayuda de varias personas como la de María José Gil, y los elocuentes versos de César Pérez, quienes estuvieron con nosotros en el nacimiento de la criatura. La temporada pasada María Gómez, nuestra princesa, siempre estaba al pie del cañón a pesar de su condición de princesa. Gracias.

Hoy día gozamos de dos centrocampistas de muchísimo talento, periodistas que admiro, como Sonia Lus, con quien he tenido el placer de trabajar con ella durante varios años ya, tanto en *Hoy por hoy* como ahora en *Acento Robinson,* y Borja Cuadrado Galán, que para mi gusto es más Galán que cuadrado. A los dos les doy mis más sinceras gracias.

A Sonia Ballesteros y Marcos Granados por tanto talento y tanto talante en sus reportajes.

A Julio López y Miguel Coll por prestarnos sus impresionantes voces.

A Paco Camino por dejarnos «abusar» de su brillantez.

A Pablo Álvarez y Gonzalo Albert por creer en este libro y a todo su equipo editorial de Aguilar por hacerlo real. Gracias.

Tengo la suerte de tener un amigo como Carles Francino. Admiro a Carles en todos los sentidos, como persona y como periodista pero en realidad son lo mismo porque es la persona la que le hace ser tan magnífico periodista. Carles siempre me anima, siempre ha estado por mí. Es como ese capitán que en todo momento te da las fuerzas cuando de ser por ti tal vez hubieses tirado la toalla. Carles es un señor... Gracias, amigo.

Gracias a todos los invitados por habernos iluminado con sus historias.

Gracias a la Cadena SER por permitirme utilizar su «alcachofa amarilla», que durante tantos años viene siendo tan importante para la sociedad española, y por cedérmela durante un rato para poder hablar con vosotros.

Gracias a todos los oyentes de *Acento Robinson* y gracias a los lectores de este libro por otorgarnos el beneficio de la duda.

Este libro
se terminó de imprimir
en el mes
de abril de 2015